중고등부 핵심설교

이태선 지음

도서출판 영문

차례

1. 높은 마음 ……………………………… 7
2. 습관 …………………………………… 11
3. 내일을 모르는 인간 …………………… 16
4. 믿음이란 어떤 것일까 ………………… 20
5. 심는 대로 거둔다 ……………………… 26
6. 소금같이 된다 ………………………… 32
7. 착한 일에 배가 고픈 자 ……………… 38
8. 주인을 모르는 자들 …………………… 42
9. 토기장이의 손 ………………………… 47
10. 두 사람의 선장 ………………………… 51
11. 너희는 세상의 빛이라 ………………… 56
12. 우리는 모두 그릇이다 ………………… 60
13. 목마른 자들아 ………………………… 64
14. 너희 죄가 얼굴을 가리워서 ………… 69
15. 심지가 견고한 자를 …………………… 73
16. 풍족하니 하나님을 섬기지 않음 …… 78
17. 피리를 불어도 춤추지 않고 ………… 83
18. 향유를 주께 붓고 …………………… 89
19. 예루살렘에서 여리고로 ……………… 94
20. 이름이 하늘 나라에 기록되는 것 …… 99
21. 약대와 바늘 구멍 ……………………… 105
22. 산을 옮기우는 능력 …………………… 109
23. 부자 청년은 슬픈 기분으로 가니라 ‥ 113

24. 오늘밤 네 생명을 찾아가면 ········· 117
25. 암탉이 병아리를 품듯이 ············ 122
26. 내 아버지 집에는 양식이 풍족한데·· 127
27. 부모를 나보다 더 사랑하면 ········· 133
28. 하나님의 나라는 네 안에 ··········· 138
29. 오늘 구원이 네 집에 이르렀다 ····· 141
30. 내가 예수를 알지 못하노라 ········ 146
31. 모든 것을 해로 여김은 ············· 150
32. 천국의 시민권 ······················ 154
33. 어떤 것이 참 복일까(팔복 1) ········· 159
34. 어떤 것이 참 복일까(팔복 2) ········· 168
35. 아브라함보다 내가 먼저 있다 ······ 178
36. 제자의 발을 씻다 ··················· 181
37. 여우도 굴이 있고 ··················· 185
38. 가시 면류관 ························· 190
39. 가시채를 뒷발질 말라 ·············· 195
40. 소경이라 원시치 못한다 ············ 200
41. 빚진 자는 누구냐? ·················· 204
42. 옛사람 새사람 ······················ 209
43. 믿음이 축복(1) ······················ 214
44. 믿음이 축복(2) ······················ 218
45. 믿음이 축복(3) ······················ 222
46. 믿음이 축복(4) ······················ 227

1
높은 마음

【말씀】 "보물을 하늘에 쌓아 두라 저기는 좀이나 동록이 해하지 못하며 도적이 구멍을 뚫지도 못하고" (마 6:20)

교화

"보물을 하늘에 쌓아 두라"는 말씀은 "하나님의 교훈을 따라 좋은 일에 돈도 많이 쓰고, 내가 가진 지식, 내가 가진 기술, 내가 가진 젊은 힘을 사용하라, 봉사하라"는 뜻입니다.

어떤 분은 "천국 은행에 금은 보화를 저금해 두라"고도 해석하는데 다같은 말입니다. 천국 은행에 어떻게 올라갑니까? 로켓을 타고 올라가서 저금을 하란 말입니까? 여하튼 성경은 모두가 하나님의 말씀입니다. 그 교훈대로 이 세상에서 좋은 일, 남을 돕는 일에 많은 봉사를 한다면 그것이 천국 은행에 저금하는 일이 되는 것입니다.

세상 은행에 저금하면 몇 가지 유익이 됩니다.
1. 돈에 대한 이자가 생깁니다.
2. 잃어 버릴 염려가 없습니다.
3. 화재가 나도 타버릴 걱정이 없습니다.
4. 언제나 자유로 꺼내 쓸 수가 있습니다.

이와 같이 천국 은행에도 저금해 두면 즉 좋은 일에, 남을 돕는 일에 보화를 사용한다면 몇 가지 유익이 있습니다.

즉 사업을 하면 그 사업이 잘 되어서 많은 유익을 보는데 30배, 60배, 100배의 더 많은 재물에 축복을 받습니다.

온 식구에 건강의 축복을 받습니다. 또 훌륭한 인물의 축복을 받습니다. 즉 이 나라를 위해서 크게 일할 수 있는 착한 인격자의 축복을 받는다는 것입니다. 하나님은 아브라함에게 이런 축복을 주셨습니다.

"밤 하늘이 별과 같은 축복을 주리라"(창 15:5). 어깨에 별을 붙인 사람들은 모두 높은 사람들입니다. 즉 그렇게 위대한 인격의 축복을 주신다는 것입니다.

또 훌륭한 명예의 축복을 받습니다. 잠언 22:1에 "많은 재물보다 명예를 택할 것이요"라 하셨습니다. 저 미국의 발명왕 에디슨은 온 세계가 다 높이고 부러워하는 명예의 축복을 받았습니다. 신명기 28:1에 "하나님 말씀대로 복종하고 하나님을 겸손히 예배하면 세계에서 뛰어나는 축복을 주신다. 많은 사람의 머리가 되고 꼬리가 되지 않는다"고 하셨습니다.

천국 은행에 저금한다는 것이 오늘은 손해가 되는 것같지만 내일에는 헤일 수 없이 놀랄만한 축복을 받게 되니, 이런 마음이 곧 높은 마음이란 것입니다.

오늘의 해가 되는 것만 생각하고 남을 도울 줄 모르는 사람, 내 배만 내 욕심만 채우려는 것은 낮은 마음이란 것입니다.

오늘의 고통 쓰라림만 생각하고 열심히 일을 안 하고 부지런히 공부를 안 하는 사람은 낮은 마음을 가진 자입니다. 오늘의 기분만 생각해서 혈기를 참지 못해 싸움을 하고 원수를 맺고 형제지간에, 친구지간에 희생과 양보를 못하는 마음은 낮은 마음입니다.

낮은 마음을 가지고 사는 사람은 크게 성공을 못합니다. 뿐만 아니라 종당은 부끄러운 멸시와 멸망과 패가 망신을 당하게 됩니다.

예수님은 말씀하셨습니다.

"좁은 문으로 들어가라 마지막엔 행복이요. 넓은 문으로 들어가지 마라 마지막엔 멸망이니라"(마 7:13).

마음이 높은 사람은 좁은 문으로 들어가는 자요, 마음이 낮은 사람은 넓은 문으로 들어가는 사람입니다.

그렇지만 우리는 이것을 각오해야 합니다.

"넓은 문으로 들어가는 일은 쉽고 좁은 문으로, 들어가는 일은 심히 어렵다"는 것입니다.

그렇기 때문에 높은 마음으로 사는 사람이 많지 않습니다. 그 대신 낮은 마음으로 사는 사람은 많습니다.

그 이유는 높은 마음으로 사는 일은 좁은 문이요, 낮은 마음으로 사는 일은 넓은 문이기 때문입니다.

높은 마음은 좁은 문이기 때문에 좋은 결과를 얻고 낮은 마음은 넓은 문이기 때문에 심히 불행한 결과를 받게 됩니다.

예 화

미국 로스앤젤레스 시에 화젯거리의 기사가 온 국민의 마음에서 감격의 눈물을 자아낸 일이 있습니다. 그 내용을 나는 여기에 소개합니다.

고등학교 2학년은 오늘 견학의 길을 떠납니다. 그 중에 폴리푸란 학생이 담임 선생님을 찾아갔습니다.

"준비는 다 됐지만 부득불 못가겠으니 용서해 주십시오!"

선생님은 그 소리에 눈을 크게 뜨고,

"준비가 다 됐으면 가야지! 무슨 큰 일이 있는가?"고 물었습니다.

"예, 제 친구가 병원에 입원을 하였는데 오늘 대수술을 한답니다. 그래서 제가 좀!"

"네가 의사냐? 안 가면 어때?"

"그 애는 부모가 없는 애인데 또 형제들도 없기 때문에 제가 도와줘야 합니다."

"그래 좋은 생각이야! 그렇다면 수고해라."

선생님은 기뻐하며 허락을 하였습니다. 폴리푸는 쏜살같이 병원으로 달려갔습니다. 의사들이 걱정하는 얘기가, 두 눈이 상하고 있기 때문에 수술해서 모두 빼 버려야 그 애의 생명을 살릴 수 있다는 것입니다.

그러나 누구도 눈을 대신 희생하고 기증할 사람이 없습니다.

이 말을 들은 폴리푸는 잠깐 고개를 숙여 기도를 드린 후 결심을 내렸습니다. 곧 담당 의사를 찾아가서 말했습니다.

"제 눈 하나를 친구에게 주겠습니다."

의사는 이 학생에게 다시 물었습니다.

"진정입니까?"

"예, 어서 빼 주세요. 그리고 제 친구의 생명을 살려 주세요."

의사는 모든 수술 준비를 마치고 기어이 폴리푸의 눈 하나를 친구에게 이식하였습니다.

한 입원실에 친구도, 폴리푸도 입원하여 치료를 받습니다.

"폴리푸야 고마워! 내가 너의 은혜를 영원히 기억할게!"

"아니야! 너의 생명을 살리기 위해 그런 것 뿐이야. 괜찮아!"

얼마후, 둘은 함께 퇴원하였습니다. 한 달 만에 두 애는 완전히 회복이 됐습니다.

두 학생이 고등학교를 졸업하고, 대학교에 입학하여 열심히 공부를 합니다.

이 일이 신문에 크게 기사화 됐습니다. 폴리푸의 이름은 온 천하에 알려지게 되었고 그에게 많은 격려금이 들어왔습니다.

폴리푸는 높은 마음을 가졌습니다.

짐승들은 그런 마음이 없습니다. 그러나 사람에게는 누구나 다 그런 높은 마음을 주셨습니다. 이 마음을 항상 잘 살려서 정말 내일의 귀한 보화가 되어야 하겠습니다.

2
습 관

【말씀】 "지혜 있고 진실한 청지기가 되어 주인에게 그 집 종들을 맡아 때를 따라 양식을 나누어 줄 자가 누구냐"(눅 12:42)

교화

예수님은 진실한 사람으로 가르치려고 애쓰십니다. 진실이란 좋은 일에 말과 행동이 같고, 또 내가 손해를 보면서라도 남을 도와주려는 사람을 말합니다. 진실을 어떤 사람은 착한 마음과 행동을 가진 사람이라고도 말합니다. 다 같은 말이지만 적극적으로 남을 도우려는 사람이 곧 진실한 사람이라 말할 수 있습니다.

그런데 진실한 사람이 아무나 될 수 없습니다.
1. 천성적으로 부모에게서 그런 마음을 받고 나온 사람.
2. 부모님에게서, 선생님에게서 또 친구에게서 배워서 되는 사람.
3. 예수를 잘 믿어 성령의 도우심으로 마음이 진실한 마음으로 바뀌어지는 사람.

등이 있습니다.

또 천성적으로 진실을 부모에게서 받았거나 성령의 도우심으로 되었거나 간에 '진실'이 하루 동안에 이루어지는 것은 결코 아닙니다.

그 각자가 가진 마음 바탕에 따라 어떤 사람은 일 년 간에, 어떤 사람은 5년 간에, 어떤 사람은 10년 간에 되고 어떤 사람은 50년 동안에도 안 되는 사람이 있습니다.

그렇지만 진실이 이루어지는 과정 한 가지를 여러분에게 말합니다. 그것은 습관이란 것입니다.

습관이란 진실을 계속해서 행할 때에 이루어집니다.

한 번이란 지극히 적은 일 같지만, 한 번을 계속 계속하면 그것이 습관이 되는 법입니다.

거짓말, 그것을 한 번, 한 번하면 그게 습관이 되어 얼마 후에는 그 사람은 거짓말쟁이가 됩니다.

또 봉사, 그것을 한 번, 한 번하면 그게 습관이 되어 봉사자가 되는 것입니다.

또 깡패, 그것을 한 번, 한 번하면 종당은 깡패가 되는 것입니다.

인내, 그것을 한 번, 한 번하면 그게 습관이 되어 인내자가 됩니다.

용기, 평화, 사랑, 온유, 겸손 그것을 한 번, 한 번 행하면 습관이 되고, 게으름, 핑계, 미움, 질투, 시기, 신경질 등을 한 번, 한 번 행하면 그게 습관이 되어 그런 사람으로 자기도 모르는 사이에 굳어지고 마는 것입니다.

그러므로 우리가 무슨 일을 하나 조심해서 용기를 내어 자를 것은 자르고, 취할 것은 취해야 합니다.

그렇지 못하면 한 번이란 그 경험이 무섭도록 습관이 되어 나를 악하게 만드는지 말할 수 없습니다.

그래서 예수님은 마태복음 6:34에 "내일 일을 염려하지 말고 오늘 하루를 흠이 없이 족하게 살아라"고 교훈에 주셨습니다.

하루살이를 보통으로 생각해서 어물어물 뜻없이 넘어가면 그게 습관이 되어 일생이 슬프게 되는 법입니다.

성경에 욥이란 사람이 있었습니다. 욥은 인내함으로 하나님으로부터 크게 칭찬을 받은 사람입니다.

그에게는 아들, 딸 10남매가 있었습니다. 밤만 되면 저녁 식사를 다 마치고 10남매를 다 불러 예배를 드립니다. 저녁 예배를 일 년이고 이 년이고 계속해서 드립니다.
　이 예배의 중심은
　1. 자녀들을 하나님께 헌신하는 일.
　2. 하룻 동안에 지은 죄를 회개하는 일.
　3. 회개를 한 다음 새로운 마음의 결심을 하는 일.
등이었습니다.
　참으로 욥은 훌륭한 가정 교육을 하고 있었습니다. 그래서 그들의 10남매들에게 갑절의 축복을 주셨다고 말씀하셨습니다(욥 42:10).
　그런데 어려운 문제가 있는 것을 여러분에게 알려 줍니다.
　1. 알지만 행하지 못하는 것.
　2. 행하다가 중단이 되어 버리는 것.
　이것은 누구나 다 당하고 경험하는 어려운 문제입니다.
　사람이란 "열 번 찍어서 안 넘어가는 사람이 없다"고 말들 합니다. 이것은 사실입니다.
　좋은 결심과 서약을 아니, 혈서까지 써 놓습니다. 그리고도 주위의 환경에서 유혹하면 넘어지기 쉽습니다.
　사람들은 여러 가지 마음을 가지고 있습니다. 다 같은 사람들이 아닙니다.
　1. 어떤 이는 결심을 잘 뒤집어 엎어 버리는 성격.
　2. 어떤 이는 조금 참다가 뒤집고 마는 성격.
　3. 어떤 이는 의지가 굳어서 꺾이지 않는 성격.
　4. 어떤 이는 자기가 생각하는 것이 절대적인 것처럼 생각해서 마음에 들면 듣고 고치지만, 마음에 안 들면 목이 달아나도 안 듣는 성격.
　이런 고집을 굳은 의지라고 말할 수 없습니다. 그것을 무식한 고집이라 부릅니다.

어쨌든 대체적으로 의지가 약한 편입니다.

그러므로 좋은 습관을 오래 유지하는 사람들이 많지 못합니다.

그렇기 때문에 예수를 믿으면 우리가 약한 점을 성령이 고쳐 주시고 좋은 점은 도와서 더 잘하게 합니다.

"예수를 믿는다"는 것은 "예수님의 도움을 받는다"는 말과 같습니다. 내가 저 바위를 내 힘으로 들어 옮길 수가 없습니다. 그러나 예수님이 도와 주시면 힘 안 들이고 옮기게 됩니다.

내가 박사가 되려고 합니다. 그러나 예수를 믿음으로 도와주셔서 낙심않고 성공합니다.

사람들의 힘으로는 좋은 습관을 계속할 수 없지만 예수를 믿으므로 좋은 습관을 가져 위대한 인물이 될 수 있는 것입니다.

예 화

김익두 목사는 청년 때에 싸움에 제일, 술에 제일, 도둑질에 제일이었던 사람입니다. 하루는 자전거를 타고 싶어서 자전거 점포에 찾아가 24시간만 빌려 달라고 청하였습니다. 주인은 그가 누구인지 잘 알고 있었기 때문에 안 빌려 줄 수가 없어, 몇 가지 주의를 하고 무료로 빌려 주었습니다. 너무 악하고 너무 거짓말을 해서 사람들은 그가 바라는 것이 있다면 무조건 들어줍니다. 이것이 그에게는 더욱 나쁜 습관으로 굳어졌습니다. 자기 외에는 없습니다. 도저히 무엇으로도 그 버릇을 고칠 길이 없습니다.

그는 자전거를 타고 술집으로 가서 술을 실컷 마셨습니다. 그리고 밤 10시 쯤에 나와 자전거를 타고 언덕길을 내려옵니다. 중간쯤 내려오다가 쓰러지면서 그 옆 벼랑으로 떨어졌습니다. 자전거는 박살이 났습니다. 그는 병원으로 옮겨졌는데 다행히도 호흡은 남았습니다.

김익두가 죽게 됐다는 소문이 삽시간에 퍼져, 그 소식을 들은 사람은 모두 기뻐하였습니다. 그런데 이 소식을 들은 고병철 목사는 고개 숙여 하나님께 기도를 드렸습니다.

"하나님, 때가 왔습니다. 크신 사랑의 능력으로 모든 죄를 용서하시고 마음을 주님의 능력으로 고쳐 바울과 같이 주의 전도의 종으로 만들어 주시옵소서."

고병철 목사는 매일 같이 가서 안수해 주고, 또 복음을 전도하여 3개월 만에 퇴원을 하면서 김익두는 완전히 새사람으로 변화되었습니다.

그후 그는 평양 신학교를 졸업하고 한국 최초의 부흥사요, 말씀으로 많은 병자와 난치병, 앉은뱅이, 장님 등을 고치는 은사 목사가 되었습니다.

자기 자신의 부주의와 천성, 타고난 악질적인 성격으로 사람들에게 버림받은 사람이라도 하나님의 크신 능력으로 새사람이 됩니다.

3
내일을 모르는 인간

【말씀】 "내일 일을 너희가 알지 못하는도다 너희 생명이 무엇이뇨 너희는 잠깐 보이다가 없어지는 안개니라"(약 4:14)

 교 화

악한 사람은 내일을 모릅니다. 성경에 아나니아와 그 부인 삽비라가 있습니다. 돈도 있었나 봅니다. 하루는 베드로 사도가 부흥회를 인도하는 곳에 두 사람이 갔습니다. 마침 설교를 다 마치고 헌금을 한다고 여러 분들이 이렇게 저렇게 약속을 합니다. 어떤 사람은 헌금을 내기도 합니다.

아나니아와 그 부인 삽비라도 함께 의논을 하였습니다. 그리하여 저 등 너머 밭 2천평을 팔아서 하나님께 바치기로 약속을 하였습니다.

그 날이 지나 이튿날 그 약속한 밭을 팔았습니다. 많은 돈을 받고 보니 마음이 변하기 시작합니다.

"여보, 남들은 조금씩 바치는데 이렇게 많이 바칠 필요가 뭐 있지?"

부인이 먼저 말하였습니다.

"정말이야. 당신, 그 옳은 말이야. 나도 이 많은 돈을 바치기가 너무너무 아까워!"

남편도 흥분해서 말했습니다.

"그럼 절반은 감춰 두고 절반만 우리 둘이 나눠서 바쳐요."
"좋아, 좋아! 그거 좋은 생각이야!"
"그럼, 당신부터 먼저 가서 바쳐요. 그 다음 내가 가서 바칠께요."
이렇게 둘이서 의논이 되었습니다. 먼저 아나니아가 돈 한 봉투를 들고 갔습니다. 돈뭉치를 높이 쳐 들고 자랑하면서 들어갔습니다. 강대상 앞으로 가까이 들어가더니 잠깐 서서 베드로 사도의 얼굴을 쳐다봅니다.

베드로 사도도 아나니아의 얼굴을 내려다 봅니다. 아나니아는 그 돈뭉치를 강대상 위에 바쳤습니다. 베드로 사도는 그 돈뭉치를 받아들고 잠깐 기도를 드린 후에 아나니아를 다시 쳐다보면서 물었습니다.

"고맙습니다. 그런데 이 돈이 당신이 약속한 돈 그대로 다 바친 것입니까?"

베드로 사도의 눈은 반짝반짝 빛이 났습니다.

"예, 하나님께 약속한 것 전부입니다."

조금 떨리지만 부끄러운 인상을 감추려고 일부러 평화스러운 얼굴을 지으며 아나니아는 대답했습니다.

베드로 가슴엔 분노가 꽉 찼습니다. 이유는 하나님을 속이는 아나니아의 마음을 알기 때문입니다.

"이 고약한 놈, 나를 속이는 것이 아니라 하나님을 속이고 조롱하는 일이다. 잠깐 후면 네 생명이 떠나가고 네 뒤에는 네 시체를 장사할 사람들이 들어오리라!"

베드로 사도의 책망이 그치자, 아나니아가 서 있던 자리에서 그만 쓰러지더니 호흡이 끊어지고 말았습니다.

교회 안에 가득히 모였던 사람들은 이 사실을 보고 두려워졌습니다.

조금 있더니 정말 들것을 들고 두 사람이 들어와서 아나니아의 시체를 들것에 싣고 밖으로 나갔습니다.

베드로 사도는 계속해서 설교를 합니다. 조용히 사람들은 그 말씀을 듣습니다. 모두 다 두려운 마음에 잘 듣습니다.

베드로 사도는 목이 말라서 강대상 위에 준비해 놓은 물컵을 기울여 입에다 댑니다.

이때입니다. 삽비라가 돈뭉치를 들고 한복판으로 한발 두발 들어오더니 역시 강대상 앞으로 가서 섰습니다. 잠깐 고개를 숙여 기도를 한 다음, 그 돈뭉치를 강대상 위에 바칩니다.

베드로 사도는 그 돈을 받았습니다. 그리고 고개를 숙여 기도를 한 후에 또 입을 열어 삽비라에게 물었습니다.

"이 돈이 하나님께 약속한 대로 전부입니까?"

"예! 예! 전부입니다. 정성드려 갖고 와서 바칩니다."

삽비라는 생글생글 웃는 얼굴을 하면서 대답하였습니다.

"고약한 사람, 이게 전부야! 너는 나를 속이는 것이 아니라 하나님 아버지를 속이는 것이니라. 네 남편의 시체를 메고 나간 사람들의 발걸음이 들어와서 네 시체를 메고 가리라."

베드로 사도의 두 눈동자는 반짝반짝 빛이 납니다.

"꽝!"

하는 소리와 함께 삽비라도 서 있던 자리에서 쓰러졌습니다. 직원 두 사람이 곧 삽비라 옆으로 갔습니다.

호흡이 끊어지고 말았습니다. 방 안에 가득한 사람들은 공포에 부들부들 떨게 되었습니다.

베드로 사도의 말씀대로 두 사람이 밖에서부터 들어오더니 삽비라의 시체를 들것에 싣고 빠른 걸음으로 밖으로 나갑니다.

 **결 론**

아나니아와 삽비라는 내일을 모르는 어리석은 사람들이었습니다.

베드로 사도를 속이고 하나님을 멸시하면서 내일의 멸망이 어떻게 올 것인지 몰랐습니다.

하나님은 말씀하셨습니다.
"말씀은 발의 등불이라."
그러므로 등불이 되는 말씀을 어기는 사람은 항상 내일은 어둠에서 살게 됩니다.
신문에서 여러 가지 악한 기사를 많이 보게 됩니다.
'돈 때문에 친구를 죽였다. 권총을 들고 남의 집에 들어갔다가 잡혀서 감옥에 갔다. 서로 원수가 되어 남의 집에 석유를 뿌리고 불을 질렀다.'
어떤 부자집에 식모가 주인이 직장에 나간 틈을 이용해서 부인을 죽였습니다. 그리고 보석함을 열고 몽땅 그 보석을 자기 집에다 옮겨 놓았습니다. 그리고 살인 강도가 들어와서 살인을 한 후 보석상자를 다 들고 내뺐습니다고 허위 고발하는 등.
백 가지, 천 가지의 죄악 행위가 많습니다.
참으로 내일을 모르는 인간들입니다.

4
믿음이란 어떤 것일까

【말씀】 "믿음은 바라는 것들의 실상이요 보지 못하는 것들의 증거니"(히 11:1)

 교화

'예수를 믿는다. 하나님을 믿는다. 불교를 믿는다. 유교를 믿는다' 고 우리는 보통 말하고 있습니다.

그런데 "믿는다"라는 뜻을 물을 때는 얼른 대답을 하지 못합니다. 그래서 나는 오늘 "믿음의 정답"을 설명해 주겠습니다.

1. 믿음은 첫째, 하나 밖에 없습니다.

하나님께서 그렇게 말씀하셨습니다.

에베소서 4:5에 "주도 하나요 믿음도 하나요 세례도 하나요 하나님도 하나요."

그러니까 예수를 믿는 믿음 외에는 다 믿음이라 말할 수 없습니다.

2. 믿음이란 예수님 믿는 것만 믿음이라 할 수 있습니다.

세상을 창조하시고 만물을 주관하시는 분을 믿을 때, 그것이 믿음이 되는 것입니다.

그 분은 오직 예수님 밖에 세상에 없습니다. 그 외에 사람들은 모두 예수님이 만드신 예수님의 작품입니다.

요한복음 1:9에 "참빛이 세상에 와서 각 사람에게 비치는 빛이 되었나니 세상은 그로 말미암아 지은바 되었도다."

3. 믿음이란 우리의 보증이 된다는 뜻입니다.

예수님은 우리에게 보증인이 되십니다. 히브리서 11:1에 "믿음은 우리가 바라는 것들을 보증해 주십니다"라고 말씀해 주셨습니다.

어떤 이가 5백만원이 필요한데 현금이 없습니다. 그래서 이 사람은 은행에 찾아가서 요청하였습니다.

"5백만원을 대출해 주십시오."

"보증인을 세우십시오."

은행에서는 이렇게 말했습니다.

돈을 쓰려는 사람을 채무자라고 합니다. 돈을 주는 사람은 채권자라고 합니다. 채무자는 김씨를 보증인으로 세웠습니다.

채권자인 은행에서는 보증인을 확인하고 도장을 서류에 받아 5백만원을 주었습니다.

이 보증인이 곧 예수님이란 말씀입니다.

요한복음 1:29에 "세상 죄를 지고가는 하나님의 어린 양을 보라"고 말씀하셨습니다. 예수님은 우리 만민의 무거운 죄, 고통의 죄, 죽음의 죄, 슬픔의 죄를 져 주시는 분입니다.

마태복음 11:28에 "수고하고 무거운 짐진 자들아 다 내게로 오라"고 말씀하십니다.

우리 사람들이 져야 할 빚을 예수님이 대신 져 주셨습니다.

4. 믿음이란 그의 교훈을 배워 그대로 순종하는 것입니다.

예수님은 우리의 전체 보증을 서 주십니다. 우리가 해야 할 것인데, 그것을 대신 보증서 주셔서 우리를 기쁘게, 행복하게 평화스럽게 만들어 주십니다. 그런 분이 되기 때문에 그의 교훈은 우리들의 참 진리가 되는 것입니다.

요한복음 14:6에 "내가 곧 길이요 진리요 생명이라"고 말씀하셨습니다. 그러기 때문에 이 교훈을 지키면 살고 지키지 않으면 멸망합니다.

옛날에 이스라엘 나라가 애굽을 떠나서 광야를 지나게 되었습니다. 광야에서 40년간을 살게 되었습니다. 이 백성들이 하나님께 많은 범죄를 하여 마침내 하나님은 불뱀을 보내어 큰 벌을 주셨습니다.

불뱀에 물려서 많은 사람들이 죽게 되었습니다. 그래서 백성들은 하나님께 눈물로 애원을 하였습니다. 하나님은 그들의 애원에 살길을 마련해 주셨습니다. 모세를 불러서 구리로 불뱀을 만들어 하늘 높이 달아 놓고 그 뱀을 쳐다보는 사람은 모두 살게 하였습니다.

모세는 하나님 말씀대로 곧 순종하였습니다. 구리뱀을 하늘 높이 달아 놓고 그날부터 그것을 쳐다보는 자마다 다 살게 되어 백성들은 매우 기뻐하였습니다.

그렇지만 모세의 말을 불순종하는 자들은 다 죽고 말았습니다. 쳐다보면 살고, 안 쳐다보는 자들은 다 죽었습니다.

이와 같이 예수님은 우리에게 살게 하는, 행복케 하는 진리와 교훈을 주셨습니다. 이 교훈을 배우는 것, 이 교훈을 순종하는 것이 믿음이란 것입니다.

예화

일본은 우리 한국을 36년간이나 강제로 침략한 후 종으로 삼아 왔습니다. 우리 한국 사람을 강제로 일본 사람으로 만들려고 가진 살상, 폭행, 투옥, 만행을 해 왔습니다. 여기에 말려든 사람도 많고, 희생 당한 생명은 헤아릴 수 없습니다. 때는 1944년 8월 경입니다. 아침 10시쯤 해서 사리원 서부교회 김현정 목사 댁에 순경 두 사람이 칼을 차고 와서 문을 두드립니다.
　김목사는 당시 소란하고 위험해서 기도원으로 기도하러 갔습니다.
　사모가 나갔습니다.
　"어디서 오셨어요?" 물었습니다.
　"나는 순사요. 김목사 어디갔소?"
　순경은 눈을 부릅뜨고 물었습니다.
　"예, 기도원에 갔습니다."
　"언제 와요?"
　"오늘이나 내일 오실 꺼예요."
　"내일 오전 8시에 교인들을 다 인솔하고 신사로 오게 하시오!"
　"예, 그렇게 전하지요."
　"안 오면 모두 옥에 가둘 테니 알아서 하시오."
　무섭게 공갈 협박을 했습니다.
　그 다음 날이 주일이라서 김목사는 저녁에 돌아왔습니다.
　순경이 와서 명령한 대로 사모는 김목사에게 이야기했습니다.
　신사 참배를 하면 죄가 됩니다. "하나님 외에 절대로 절하지 말라"고 계명에 기록되어 있습니다.
　김목사는 그 소리를 듣고 곧 성전으로 들어가서 철야 기도를 드립니다. 처음에는 두려운 생각이 일어나 떨었지만 하나님이 함께 하여 주시니 담대해졌습니다. 신앙이란 이런 것입니다.
　예수님은 모든 일에 우리를 안전하게 보증해 주십니다.
　이튿날이 되었습니다. 김목사는 태연스럽게 서재실에 들어가서 기도하고 설교 준비를 합니다.
　11시에 성전에 나가서 예배를 드렸습니다. 그날 밤 예배까지 은혜스럽게 드렸습니다. 그 이튿날 아침 9시쯤 되어 며칠 전에 왔던 순경이 왔습니다.
　"목사상 있소?"

문밖에서 부릅니다. 김목사는 짐작을 하고 나갔습니다.
"예, 내가 목사입니다. 어떻게 오셨습니까?"
김목사는 겸손히 고개를 숙여 인사를 한 후 물었습니다.
"신사 참배를 해야 된다고 말하고 갔었는데 했소? 안 했소?"
순경은 눈알이 빨개서 화난 음성으로 물었습니다.
"그것은 죄를 범하는 일이라 안 했습니다."
김목사는 담대하게 대답하셨습니다. 이런 용기가 곧 신앙입니다. 예수님이 속에서 힘을 주시기 때문에 담대히 대답을 하였습니다.
"교인들을 다 인솔하고 참배하라 했는데, 당신도 안 가고 교인도 안 가고! 나쁜 목사다!"
순사는 크게 노한 음성으로 협박을 하였습니다.
"나는 하나님의 계명을 지켰습니다. 나쁘다면 당신이 나쁜 사람이요. 당신이야말로 비애국자란 말이요."
"이놈 목사 새끼야, 네 놈이 비애국자다. 나는 신사 참배를 하였다. 참배를 안 한 네가 비애국자다."
"신사 참배는 나라를 망하게 하는 일입니다. 우상 숭배입니다. '나 외에는 다른 신을 섬기지 말라' 하였습니다. 그러니 당신이 우리 조선을 망하게 하는 사람이요. 당신도 조선 사람으로서 어떻게 돈 몇 푼에 배달의 정신마저 팔아먹는 거요. 에잇 나쁜 사람!"
김목사는 점점 더 담대해집니다. 김목사 눈에서는 파란 빛이 반짝반짝 납니다.
"갓! 이 목사 새끼야!"
순경은 김목사는 손목에 수갑을 채웠습니다. 그리고 앞으로 끌고 갑니다. 김목사는 "주여!" 하며 따라갑니다.
이 용기는 김목사는 마음 속에 예수님이 계셔서 힘을 주시기 때문에 믿고 그런 담대한 말씀을 하시는 것입니다.
김목사는 1년 동안 감옥살이를 하고 나왔습니다. 김목사가 나온지

5일 후에 우리 나라는 해방이 되었습니다.

 결 론

믿음이란 매사에 예수님이 계셔서 지도하시는대로 복종하는 것을 말합니다. 그러므로 두려움이 없습니다. 죽음도 무섭지 않습니다. 예수님을 통해서 천국엘 가니까요.

누구나 죽는 세상에 유독 자기만 오래 살겠다는 생각은 금수와 같습니다. 한 번은 다 가야 하는 세상에서 하루를 보람있게 살다 가는 것, 그것이 최고의 행복입니다.

그렇지만 이런 생활을 사람 혼자서는 못합니다. 예수님이 우리 속에 계셔서 일러 주고, 힘 주고, 이끌어 주는 대로 살면 자연히 보람 있는 사람이 되고 많은 사람의 삶의 본보기가 되는 것입니다. 이렇게 예수님의 보증을 받고 순환하는 생활이 신앙 생활입니다.

그밖에도 매사에 예수의 힘을 의지하고 살면 크게 형통하는 축복을 받을 수 있습니다.

5
심는 대로 거둔다

【말씀】 "사람이 무엇으로 심든지 그대로 거두리라"(갈 6:7)

 교화

공자 선생은 말했습니다.
"콩 심은 데서 콩 나고 팥 심은 데서 팥이 난다."
어떻게 살든지 사는 대로 후에는 결과가 온다는 뜻입니다. 옛날 어른들은 이런 말을 하였습니다.
"불 안 땐 굴뚝에 연기나랴?"
옛날에는 부엌에 아궁지가 있고 아궁지에 불을 때서 밥을 지었습니다. 아궁지에 불을 때면 그 연기는 뒤쪽 굴뚝에서 뭉게뭉게 나왔습니다.
이 말은 악한 일 했으면 악한 표적이 드러나고, 선한 일 했으면 선한 표적이 드러나지 악한 일을 안 했다는데, 왜 악한 표적이 들어나겠느냐는 말입니다.
숨어서 했거나 남이 알게 했거나 무엇을 했든지, 그 결과가 후에는 꼭 나타나게 되는 세상입니다.
"아무개는 좋은 사람이야, 진실한 청년이야!"라는 소문을 듣고 살아야 합니다. 그러려면 좋은 일을 해야 합니다. 좋은 일을 안 하고 좋은 소문을 듣겠다는 사람은 거짓말쟁이요, 악한 사람입니다.

또 어떤 사람은 좋은 일 하고도 좋은 칭찬을 안 들으려는 사람도 있습니다. 그런 사람은 더 좋은 사람입니다.

우리 사람들은 어느 나라 사람이고 행복하기를 원하고 있습니다. 그럼, 제일 최고의 행복은 어떤 것일까요?

돈 많은 것, 아니 권세 많은 것, 아니 박사?

아닙니다. 세상 최고의 행복은 "좋은 사람 되는 것"입니다. 여러분 "저 사람은 부자야!"라는 소리를 듣는 것보다 "저 사람은 가난한 학생 5명을 공부시켜 주고 있대"라는 소리를 듣는 일이 더 귀한 일이 아닙니까? "저 사람은 박사님이시대"라는 말보다 "저 사람은 20만원을 길가에서 얻어 주인을 찾아 주었대!"라는 말을 듣는 것이 행복한 일입니다.

"저 사람은 호텔이 5개가 있는 부자래" 하는 소리보다 "저 사람은 삼일 운동 때에 만세를 부르다가 투옥되어 10년간을 감옥살이 하다 나온 분이래!"라는 소리가 행복한 말입니다.

"행복이란 아들 딸 많아, 지식이 많아, 장관이야, 대장이야, 사장이야"라는 그 이름이 행복은 아닙니다.

"좋은 마음을 가진 마음의 부자가 최고의 행복입니다."

행복의 가치관을 바로 가져야 합니다. 그래서 예수님은 우리에게 이런 교훈을 주셨습니다.

"재물을 하늘 은행에 저금해 두라!"

얼마나 좋고 위대하신 말씀입니까? 그런데 오늘날 보통 사람들은 세상에 많이 저금하는 버릇이 있습니다.

누가 비행기를 타고 하늘의 은행에 올라가서 저금을 할까요. 그것은 "좋은 일에 돈을 많이 선용하라"는 뜻입니다.

가난한 사람의 치료비를 담당하는 일, 불쌍한 무직자를 좋은 직장에 취직을 시켜주는 일, 혼자 사는 할머니께 쌀 한 말을 사다 드리는 일, 길가에 쓰러져 있는 사람을 잘 인도해 주는 일, 나의 양복을 가난한 친구에게 구제하는 일 등이 모두 "하늘 은행에 저금하는 일"입니다.

높은 이름 중에 최고의 높은 이름은 대통령이 아니고, 총장이 아니고, 대장이 아닙니다. "좋은 사람"이란 이름이 최고의 높은 이름입니다. "좋은 사람"이란 이름을 들으며 사는 일이 제일 행복한 사람입니다. "좋은 사람"이란 이름을 들으려면 "좋은 마음 가지고 좋은 일을 행하는 것"입니다. 즉, 좋은 것을 심어야 좋은 열매를 거둘 수가 있다는 것입니다.

예 화

영국의 훌륭한 문학가 대커리(Thackeray)란 사람이 있습니다. 그는 1863년에 세상을 떠났습니다. 그가 초등학교 5학년 때였습니다. 학교에서 돌아와 저녁을 먹고는 어디론가 사라졌습니다.

부모님은 경찰서에 신고를 하는 한편 각 방면으로 찾아보았으나 도저히 찾을 길이 없어 밤 2시쯤 해서 빈 손으로 돌아왔습니다.

'교통 사고를 당했나!'

부모는 생각을 했습니다. 그리고 밤을 꼬박 새우며 걱정을 하였습니다.

아침 7시경에야 대커리는 들어왔습니다.

"엄마, 아빠 미안해요. 걱정시켜서요!"

대커리는 문을 열고 엄마를 쳐다 보면서 이렇게 인사를 하였습니다. 엄마는 얼른 일어나 대커리에게로 가서 끌어안았습니다. 그리고 대커리를 안고 우는 것입니다. 너무 기뻐서 우는 것입니다.

"엄마, 왜 울어요. 속이 아파요?"

대커리는 고개를 기울여 물었습니다.

"네가 교통 사고로 죽은 줄 알았는데, 이렇게 살아왔으니 너무 기뻐서 눈물이 나온다. 그런데 어디 갔었니? 밤중에 엄마 아빠는 죽도록 찾아 헤매었다!"

엄마는 얼굴을 들고 말했습니다. 아빠는 대커리를 쳐다 보며,

"왜 부모를 밤새워 걱정시키는거냐? 그렇지만 살아왔으니 다행이다."

이렇게 만족한 듯이 말했습니다.

"예, 도서관에 들어가서 밤새워 책을 읽었어요."

대커리는 눈을 떴다 감았다 하며 벙글벙글 꽃처럼 웃는 얼굴로 대답하였습니다.

"무슨 책이냐?"

"세계 위인 전집을 읽었어요. 하룻밤 사이에 10권이나 읽었어요."

"모두 몇 권이나 되는 거냐?"

"50권이래요. 며칠 안으로 나는 다 읽고야 말테에요."

"그래라. 좋은 거라면 다 읽어라. 또 그 밖에도 좋은 책을 많이 사다 주마!"

이렇게 열심히 책 읽기를 초등학교를 졸업할 동안 헤일 수 없이 많았습니다. 뿐인가요. 대커리는 동화, 동시, 작문, 일기 등 시간이 나는 대로 많이 썼습니다.

11월이 되었습니다. 신문사에서 "새해 작품 모집"이란 광고가 났습니다. 대커리는 동시 두 편, 동화 한 편을 보냈습니다. 대커리는 일등이란 상장을 얻으려는 생각으로 보낸 것은 아닙니다.

'내 실력은 몇 점이나 될까?'

자기의 실력을 테스트해 보려고 응모했습니다. 그러므로 발표 일자를 조급히 기다리지도 않았습니다. 항상 열심히 글쓰기에만 몰두했습니다.

이듬해 새해 첫날이 되었습니다. 아침에 편지 한 장이 대커리 집에 날아왔습니다. 대커리는 보통 남의 편지를 보듯 무심코 들고 뜯으

려 하면서 보낸 곳을 보니 신문사였습니다. 그때에야,
"오라 내 것이 당선됐나?"
하고 뜯어 보았더니 "최우수작 당선. 대커리"라 쓰여 있었습니다.
그때서야 "와-" 큰 소리를 지르며 엄마한테 들고 가서 보였습니다. 생전 처음 받는 영광이라 매우 기뻤습니다. 그러나 기쁨이 있는 반면에 마음 속에는 특별한 결심을 하였습니다.
"그렇다. 최우수 작품을 한 번만 받아서는 안 된다. 내 작품은 전체가 최우수 작품이 되어야 한다. 그래서 우리 동포들에게 항상 많은 감격스러운 유익을 주자!"
이때부터 대커리는 더욱 열심히 쓰고, 보고, 선생님한테 배우면서 결국 세계적인 대문학가가 되었습니다.
신문 기자가 찾아 와서 물었습니다. 대커리가 29살 때였습니다.
"당신이 걸작을 많이 냈는데 그 비결을 말해 줄 수 있겠습니까?"
대커리는 기쁘게 맞이했습니다. 그리고 대답을 하였습니다.
"끊임없는 열심과 많이 배우고 쓰는 것입니다."
신문 기자는 이 말을 듣고 다시 물었습니다.
"이것은 너무도 간단하고 또 평범한 말입니다. 더 구체적인 이야기를 듣고 싶습니다."
이 말에 대커리는 다시 대답을 하였습니다.
"끊임없는 열심과 많이 배우고 쓰는 것입니다."
기자는 웃었습니다. 그리고 감탄했습니다.
"예, 알았습니다. 영원 불변의 작법이며 명답입니다."
그리고나서 악수를 나누고 집으로 돌아갔다는 것입니다.

결 론

과연 사람은 모든 일에 "심는 대로 거둔다"는 것을 명심하고 그대로 전진하면 성공을 못할 사람이 없습니다.

그런데 이 교훈을 모를 사람이 없을 것입니다. 그러나 그대로 끊임없이 이행을 못할 때에 큰 목적이 이루어지지를 않게 되는 것입니다.

끊임없이 전진하는 그런 성격을 가진 사람도 있고, 뒤에서 그렇게 밀어 주어 인내하는 사람도 있고, 또 어떤 사람은 인내할 수 있는 강한 환경을 만나 순조롭게 성공하는 사람도 있습니다.

그러나 우리가 '보통으로 누구나 될 수 있다'는 강한 신념을 가지고 '좋은 씨를 심어야 형통이 있다'는 것은 천년이 가도 불변하는 진리입니다.

6
소금같이 된다

【말씀】 "너희는 세상의 소금이니 소금이 만일 그 맛을 잃으면 무엇으로 짜게 하리요 후에는 아무 쓸데 없어 다만 밖에 버리워 사람에게 밟힐 뿐이니라"(마 5:13)

교화

　예수를 믿으면 소금이 된다는 말입니다. 어떻게 소금이 될까요? 예수님의 도우심으로 소금이 되는 것입니다.
　이 세상은 죄악이 큰 권세를 갖고 있기 때문에 죄악의 사신들이 많고 죄악의 군병들이 많습니다.
　죄의 역사는 항상 고통, 슬픔, 시기, 질투, 교만, 절망, 욕심, 살인, 파괴 만을 일삼는 것입니다.
　오늘날 신문에는 그런 죄악의 결과들이 많이 기재되는데, 그 이유는 죄악의 세력이 팽창한 때문입니다.
　그러기 때문에 이런 소굴 속에서 우리는 속히 해방이 되고 기쁨의 나라를 만들어야 합니다. 그러려면 예수님의 도움이 시급히 필요합니다.
　그래서 이 불행한 세상을 행복한 천국으로 만드시려고 예수님은 오셔서 설교를 하셨습니다.
　"소금이 되어라!"
　소금은 어떤 역할을 할까요?

1. 첫째, 맛을 냅니다.

즉 예수님의 도우심으로 맛이 있는 사람이 된다는 말입니다.
① 조그만 감정을 참아서 평화를 만드는 사람은 맛이 있는 사람입니다.
② 남의 흠을 말하지 않고 숨겨 주는 사람은 맛이 있는 사람입니다.
③ 열심히 내 일을 감당하는 사람은 맛이 있는 사람입니다.
④ 남이 어려움을 당할 때 도와주는 사람은 맛이 있는 사람입니다.
⑤ 웃어른들의 말에 복종하고 보람 있는 생활을 하는 자는 맛이 있는 사람입니다.
⑥ 애국을 위해서 생명까지 희생하는 사람은 최고의 소금같은 사람입니다.

2. 변치 않습니다.

소금은 천년이 가도 그 본질이 변치 않습니다. 물론 변할 때에 가서는 급속히 변해야 되지요. 그러나 변해서는 안 될 때 가서 절대로 변해서는 안 됩니다.
① 고기가 변해서 썩으면 안 됩니다.
② 사람의 착하고 겸손하고 용기 있고 충성스럽고 사랑스럽고 봉사하는 마음이 변하면 그 사람은 살았으나 죽은 사람과 같습니다.
③ 부부 지간의 사랑이 변하면 안 됩니다.
④ 공부하는 학생들의 열심이 변하면 안 됩니다.
⑤ 부모에게 효도하는 마음이 변하면 안 됩니다.
⑥ 목표를 정하고 정력을 기울이다가 그 마음이 변하면 성공을 못합니다.

그런데 예수를 믿음으로 좋은 마음, 좋은 정신과 사상이 변치를 않는다는 것입니다.

정몽주 선생의 시조를 표본으로 들 수 있습니다.
"이 몸이 죽고 죽어 일백 번 고쳐 죽어
백골이 진토되어 넋이라도 있고 없고
임 향한 일편 단심이 변할 줄이 있으랴?"
그런데 우리는 살다 보면 속히 변해야 될 것이 있음을 알게 됩니다.
① 교만한 마음은 속히 변해야 합니다.
② 남을 미워하는 마음도
③ 남을 도우려는데 인색한 마음도
④ 물론 도둑질, 살인, 질투, 시기 등도
⑤ 게으른 마음도
⑥ 돈 때문에 귀한 마음이 팔리는 것도
⑦ 아낄 줄 모르는 마음도
⑧ 덮어 놓고 싸우기를 좋아하는 마음 등
기타 악한 행실과 죄악의 마음은 속히 변해서 좋은 것이 되어야 합니다.
예수를 믿음으로 악한 것이 좋은 것으로 변하고, 좋은 것은 영원히 변함이 없어야 합니다.

3. 보호를 받습니다.

이스라엘 사람들은 귀한 것에는 소금을 뿌려 둡니다. 이것은 "하나님의 것이니 누가 해하지 못한다"는 표랍니다. 즉 "하나님의 보호를 받는다"는 뜻입니다. 예수를 믿음으로 하나님의 보호를 받게 됩니다.

세상 마귀는 우는 사자와 같이 삼킬 자를 찾아 헤매입니다. 이 사자 입에 많은 사람들이 들어가서 고생을 합니다.

도둑질하는 자, 살인 자, 슬퍼하는 자, 절망한 자, 실패 당한 자, 망신 당한 자, 불행한 자 등등 모두 죄악의 사자 입에 물린 자들입니다.

그렇지만 예수를 잘 믿는 자는 하나님의 보호를 받기 때문에 결코 그런 함정에 빠져 들어가지 않습니다.

4. 또 소금은 천년이 가도 썩지 않습니다.

썩지 않는다는 것은 죽지 않는다는 말입니다. 즉, 영생이 있다는 말입니다.

사람은 그 육체가 다 약합니다. 대통령도, 과학자도, 사장도, 필부도 다 세상에서 죽어야 합니다. 그렇지만 우리는 예수를 믿음으로 영생 천국에 올라가게 됩니다.

예수님은 말씀하셨습니다.

"내가 너희를 위하여 있을 곳을 예비하러 가노라……. 나는 길이요, 진리요, 생명 이라."

예수님은 영생 천국으로 인도해 주시는 길이요, 진리요, 생명입니다.

세상에서 제일 무서운 것은 죽음입니다. 이 죽음을 해결해 주시는 이는 예수님 뿐입니다. 예수님의 도우심으로 우리는 죽을 때에 영혼이 저 천국으로 이사를 갑니다.

이 세상엔 죽음, 슬픔, 살인, 전쟁, 고통, 절망, 죄악이 가득합니다. 그러나 예수님을 통해서 우리가 가는 천국은 영생, 기쁨, 평화, 사랑, 봉사, 감사가 넘치는 나라입니다.

예 화

성경에 수넴 여인의 재미난 얘기가 있습니다. 그 집 앞으로 어떤 노인이 매일같이 왕래합니다.

그 노인이 하루는 문 앞에 서서 물을 한잔 청하므로 수넴 여인은 꿀을 타서 맛이 있게 드리면서 이야기를 하게 되었습니다. 알고보니 그 노인이 신학교의 교수였습니다. 참으로 훌륭한 분이었습니다. 그런데 그 교수가 독신임을 알았습니다.

그래서 수넴 여인은 남편에게 얘기를 해서 뒤뜰 안에 집 한 칸을 지어 드리기로 하였습니다.

한참 만에야 집을 아담하게 만들었습니다. 거기다 침대, 책상, 촛대 등 조밀하게 다 차렸습니다. 그 교수의 이름이 엘리사였습니다.

엘리사 교수를 이튿날 아침에 만나서

"교수님을 위해서 우리집 뜰안에 집 한 칸을 지었어요. 이제부터는 저희 집에서 거하세요. 모든 식사며 기타 심부름을 제가 책임 맡겠어요!"

엘리사 교수는 깜짝 놀랐습니다.

"정성을 드려 봉사해 주시니 내가 그 사랑을 받아야지요!"

엘리사 교수는 이렇게 감사를 드리고 그 집에서 살게 되었습니다. 여기서 한 일 년은 살았나 봅니다. 하루는 저녁에 주인을 불렀습니다.

"예, 제가 왔습니다."

수넴 여인이 엘리사 방 안에 들어와서 말했습니다.

"당신네 소원이 무엇입니까?"

엘리사는 웃으면서 물었습니다.

"우리는 돈도 있고 무엇이나 다 풍성합니다. 그러니까 우리에게 그런 신경을 쓰지 마세요."

여자는 대답했습니다.

"그렇지만 내가 너무 감사해서 견딜 수가 없습니다. 그 은혜를 조금이라도 갚아야지요. 어서어서 말해 주세요."

"아닙니다. 어서 편히 주무셔요. 그런데까지 ……지!"

"내가 당신의 사랑을 받았으니, 당신도 내 사랑을 받아야 합니다. 어서?"

그때에 그 옆에 서 있던 심부름꾼 사내 아이가 이렇게 얘기를 했습니다.

"할아버지 아직도 모르세요. 주인댁에는 아직 어린 애가 없지 않아요? 그것도 몰라요? 근 일년이나 같이 살면서!"
 "옳지! 옳지! 알았다. 내가 노인이라 깜빡 잊었구나! 잘 됐어요. 내년 이맘 때에 옥동자 하나를 가지겠어요. 그렇게 알고 돌아가세요."
 엘리사 할아버지 얼굴도 벙글벙글 꽃이 피었습니다.
 일년이 지나서 정말 옥동자 하나를 낳았습니다. 그런데 수넴 여인은 노인입니다. 그 주인도 노인이고, 그렇지만 이 두 사람 속에서 옥동자가 탄생되었습니다.
 자, 이 가정에 웃음의 물결이 날마다 출렁거립니다.
 이 축복이 어떻게 이루어졌을까요? 분명히 수넴 여인과 그 남편은 맛이 있는 사람이기 때문입니다.

7
착한 일에 배가 고픈 자

【말씀】 "의에 주리고 목마른 자는 복이 있나니 저희가 배부를 것임이요"(마 5:6)

 교 화

우리 한국 사람이 생각하는 오복은 ① 돈 많은 것. ② 이(치아)가 좋은 것. ③ 건강한 것. ④ 자녀 많은 것. ⑤ 오래 사는 것 등입니다. 오늘까지 이 오복을 소망하고 살아왔습니다. 그런데 왜 오복이 이뤄지지 못하고 "가난한 나라"란 이름을 면치 못할까요?

우리 나라는 남의 나라에 빚을 지고 살고 있다고 신문에 보도가 됐습니다.

남의 나라에 빚을 지고 있다면 문제는 매우 어려운 일입니다.

"오복이 우리의 소원이다"라는 그 정신이 우리 나라를 이렇게 가난하게 만들었습니다.

"오복이란 전혀 우리에게 짐승 같은 욕심만 배워준 교훈입니다. 성경에 이런 말씀이 있습니다.

야고보서 1:15에 "욕심이 잉태한 즉 죄를 낳고 죄가 장성한 즉 사망을 낳느니라."

욕심을 가지면 처음엔 얻는 것 같은 데 나중에는 있는 것까지 털어 버리는 멸망의 종이 되어 버립니다.

이제는 그만큼 속았으니 "참 행복"의 교훈을 배워야겠습니다.

그러면 어떤 것이 "참 행복"의 교훈일까? 예수님이 가르치신 참 행복의 교훈입니다.

1. "의에 주리고 목마른 자" 입니다. 즉 착한 일을 많이 하려는 그 마음과,
2. 또 착한 일을 많이 행하는 일이 곧 참 행복의 일입니다.

"내 배를 채우는 일이 행복이 아닙니다. 남의 마음을 편케 해 주는 사람"이 참 행복한 사람입니다. "내 저금 통장에 가득히 채워 두는 일이 행복이 아닙니다. 남의 저금에 가득히 채워 두는 사람이 참 행복한 사람"입니다.

예수님의 정신과 생활이 그러했습니다.

"이웃 사랑하기를 내 몸 같이 하라"(마 19:19)고 하셨습니다.

"사람이 친구를 위하여 목숨을 버리면 이에서 더 큰 사랑이 없느니라"(요 15:13)고 말씀하셨습니다.

세상의 고통, 슬픔, 절망, 죽음, 전쟁, 죄악이 "내 배만 생각하는 옛 행복의 정신에서 되는 결과입니다. 그러나 예수님 교훈대로 다른 사람의 배를 채워 주자"는 정신으로 살면, 모두가 이런 정신대로 살면 그 사람에게는 항상 기쁨, 평화, 사랑, 참 행복의 축복이 넘쳐 흐를 것입니다.

예 화

온양 온천에서 있었던 일입니다. 6·25동란도 그쳤습니다. 인민군들이 세력을 쓸 때에는 권총 차고 출세나 한 듯이 뽐내고 돌아다니던 사람이 체포령이 내려 숨어 살게 되었습니다. 그의 이름은 안준철입니다.

자유당 때에 공산당을 반대하고 즉 우편에서 충성했다는 사람의 명단을 조사해서 모조리 투옥하고 그 중에서도 극우 극렬자들은 산

으로 끌고 가서 모조리 죽였습니다. 이렇게 되니 안준철이란 사람의 이름이 높이 올라갔고 또 안준철을 무서워하였습니다.

"안준철에게 감정이 있었다"는 사람은 모두 고발해서 해당되는 대벌을 받게 하였고 그 밖에도 오해가 있었다는 사람은 큰 범인처럼 죄목을 크게 하여 죽이고 가두고 무척 엄청난 고통을 백성들에게 주었습니다.

그렇게 되니 안준철에게는 보석도 들어오고 황금 덩어리도 들어오고 금은 보화가 줄을 이어서 들어옵니다.

안준철은 금은 보화가 최고의 행복인 줄로만 알고 기뻐하였습니다. 그 부인도 항상 이런 얘기를 하며 기뻐하였습니다.

"공산 정치가 제일이야! 이승만 정치는 사람들을 굶겨 죽였는데 김일성 공산 정치는 백성들을 편안하게 살게 하는 거야!"

그렇지만 양심이 바로 박힌 사람들은 이 말을 들을 적마다 속으로 "고년은 늘 위험한 소리를 지혜 없이 하지 두고 봐야겠다!"고 중얼거리곤 합니다. 그런데 공산 정치가 이 땅에서 오래 붙어 있을 수가 없게 되었습니다. 아군이 들어오매 인민군들은 하루 아침에 이북으로 쫓겨 내려갔습니다. 많은 수요의 공산군들도 죽었습니다.

"공산 정치는 언제 있었던가?"

하루 아침에 싹 사라져 버리고 이승만 민주 정치가 다시 손을 뻗게 되었습니다. 이렇게 되자 공산당원과 그들의 앞에서 날뛰던 남녀 부역자들은 이승만 민주 정치에 모조리 체포되었습니다.

여기에 두목 안준철도 체포되었습니다. 돈이 행복이요, 권세가 행복이요, 공산 정치가 백성을 행복스럽게 만들어 주었다던 사람들은 민주 정치 이승만 대통령의 명령에 하루 아침에 이슬로 사라지고 말았습니다.

사탄은 욕심의 낚시를 걸어 놓고 사람들을 잡아서 행복으로 인도하는 척하면서 모조리 죽여 버립니다.

결론

여러분 "우리의 참 행복은 내가 가지는 데, 내 욕심을 채우는 데 있지 않고 내 있는 만큼 남에게 주는 마음이 곧 행복입니다.

있는 힘, 기술, 황금, 생명, 지식을, 이웃을 위해서 봉사합시다. 봉사, 거기에 참 영원 불멸의 행복을 소유할 수 있는 것입니다.

8
주인을 모르는 자들

【말씀】 "우주와 그 가운데 있는 만유를 지으신 신께서는 천지의 주재시니"(행 17:24)

교화

1981년 12월에 미국을 갔다가 5월에 귀국했습니다. 그 동안 미국에 있는 아들 딸, 그리고 사위들의 인도를 받아서 14개 주를 관광했습니다. 놀란 것은 두 가지가 있습니다.

첫째, 가도가도 끝이 없는 땅이라는 것.

둘째, 그렇게 끝이 없는 넓은 땅이었지만, 철사로 울타리를 만들어 주인이 있다는 경계표를 대부분 하고 있다는 것입니다. 이것은 지극히 상식 문제입니다. "물건이 있으면 거기에는 반드시 주인이 있다"는 것은 삼척 동자라도 다 알고 있는 사실입니다.

어쨌든 "내 것이 아니면 남의 것이라"는 지식은 다 갖고 있어야 합니다.

언젠가 4살 된 손자를 데리고 장난감 가게에 들어갔습니다. 문에 들어서자 눈에 제일 먼저 띄는 것이 어린이 자전거였습니다. 그러니까 내 손자는 그걸 보더니

"할아버지, 자전거 줘!"

하고 손가락질을 하며 졸라댑니다. 그래서 나는 물었습니다.

"자전거 얼마입니까?"
주인인지, 판매원인지 어여쁜 아가씨가 방실방실 웃으면서 대답을 합니다.
"왼쪽 것은 1만 2천원이고, 오른쪽 것은 1만 5천원입니다."
나는 돈이 없었기 때문에 다시 물어 볼 필요가 없어 애의 손을 잡고 그 자리를 지나갔습니다. 그랬더니 손자는 손을 놓고, 그 자리에 비스듬히 넘어져 울기 시작합니다.
"자전거 줘, 자전거 줘"
조르며 웁니다. 나는 생각을 하였습니다.
'남의 소유권을 애들은 몰라서 그런다'
애들은 그런가요? 어른들, 철이 든 사람들, 아니 대학교 교수들도 남의 소유권을 모르는 무식한 사람들이 이 땅에는 많이 있다는 것입니다.
첫째, 저 높은 하늘에 떠서 우리에게 빛을 주는 태양, 또 우리가 덕을 보는 지구, 또 3분간만 못 마시면 죽는 공기, 또 하늘에서 떨어지는 생수(비), 기타 수천 수만 가지의 물질 등. 사람들의 과학으론 절대로 만들 수 없는 귀한 것들이 세상에 가득히 쌓여 있습니다. 그런데 그것들을 날마다 내가 사용하고 있으면서도 결코 누구의 것을 내가 쓰고 있나? 생각조차 못하는 사람들이 많이 있습니다.
그런 일들이 다 4살 된 어린애 같은 일이 아니고 무엇입니까?
세상에 나와 보니 태양이 필요해서 태양을 만들자! 하고, 당신들이 손으로 만들었습니까? 공기가 없으니, 공기를 만들자 해서 당신들이 공기를 만들었습니까? 생수가 없으니, 생수를 만들자 해서 당신들이 생수를 만들었습니까?
지구가 필요하니, 지구를 만들자 해서 당신들이 만들었습니까?
쌀이 필요하니, 쌀이 만들자 해서 당신들이 쌀을 만들었습니까?
절대로 그렇지 않습니다. 오늘날 과학이 발달되어 저 달나라에 까지 무한히 왕래하는 때라 하지만, 그런 과학자가 사람의 생명 하나,

초목의 생명 하나, 짐승의 생명 하나, 곤충의 생명 하나 못만들었습니다. 하나님이 만들었다는 것은 고사하고, 여하튼 내가 만든 것이 아니고, 또 내 소유가 아닌 이상 확실히 남의 것이라는 것만은 잘 알고 있습니다.

그럼, 왜 남의 태양을 무료로 사용하면서 감사 한 마디 없는 것입니까? 왜 남의 공기를 사용하면서 감사 한 마디 없느냐 말입니까?

이런 태도는 모두 장난감 가게에 들어가서 자기 것이라고 달라고 떼 쓰는 4살 된 어린 애와 다를 바 없습니다.

어떤 사람이 기차를 타고 서울서 장항엘 갑니다. 장항은 종착점입니다. 밤 늦게야 종착점에 도착했습니다.

모두 내렸습니다. 한 사람이 맨 나중에 내리면서 열차 안을 휘둘러 보니 선반 위에 보따리 하나가 있는 것을 발견했습니다.

그 사람은 생각을 하였습니다.

'주인이 없구나! 누가 잊고 내려 갔구나!'

하고 그 물건을 들고 내렸습니다. 그리고 자기 집으로 갖고 들어 갔습니다. 그 속에는 현미경이 들어 있었습니다. 싯가 30만원 짜리입니다.

내 것 아니면 남의 것인데, 왜 그것을 들고 내렸을까요? 그것은 도둑놈의 마음보가 틀림없습니다.

한 달 후에 형사에 의해서 그 현미경은 도로 주인에게 내어 놓게 되었고, 도둑으로 몰려 감옥 생활을 하게 되었습니다.

주인을 모른다고 그것을 내가, 들고 내리는 일과 주인 모르는 태양, 공기, 비, 지구 등을 감사 없이 사용하는 사람과 다를 바 무엇이 있겠습니까?

🐎 예 화

뉴욕에 코드라는 사람이 살고 있었습니다. 아버지가 자동차 정비로 돈을 많이 모아 큰 빌딩에서 잘 살고 있었습니다. 그런데 코드는 아버지 옆에서 그 기술을 배우며, 도와주고 아버지에게 월급을 받고 있었습니다. 그런데 코드는 여름이 되어 친구 4명과 멀리 여행을 갔다가 일주일 만에 돌아와 보니, 아버지가 벌써 세상을 떠나 어제 장사를 지냈다는 것입니다. 코드는 너무너무 슬퍼서 이틀 동안이나 통곡을 하면서 울었습니다.

코드는 공동 묘지에 가서 생화를 묘 앞에 드렸습니다. 미국의 묘는 그냥 평지에 비석 하나 서 있습니다. 코드는 어머니에게서 아버지가 세상을 떠난 이야기를 들었습니다.

코드가 여행을 떠난 바로 이튿날입니다. 부속품을 사러 갔다가 돌아오는 길에 술 취한 운전사가 아버지의 뒤를 들이받아 피를 토하고 그 자리에서 숨을 거두셨습니다.

코드는 이 소리를 듣고 처음에는 '술 취한 그 놈 나쁜 놈'이라 욕도 했지만, 조금 후에 머리에 다른 생각이 들어 왔습니다.

"이만큼이나마 잘 살 수 있도록 큰 집도 주시고 많은 재산도 주신 것 감사합니다. 또 아버지한테 좋은 기술도 잘 배우게 해 주셔서 감사합니다." 그래서 다음 주일은 만불이라는 큰 돈을 하나님께 헌금하였습니다. 소식을 듣고 친구 파우더는 찾아 와서 물었습니다.

"정신 나간 놈아! 아버지가 차 사고로 죽었는데, 뭣이 감사해서 만불을 감사 헌금으로 받치냐?"

코드는 벙글벙글 웃으며 파우더를 쳐다봅니다. 그러더니 입을 열었습니다.

"파우더야! 나에게 좋은 기술을 다 주고 떠나셨으니 감사하고, 또 많은 재산을 나라에 봉사하였으니 감사하고, 내가 또 공짜로 아버지 사업을 물려받게 됐으니 감사하고, 저 천국에 가셨으니 감사하다."

파우더는 코드가 한 말을 듣고 고개를 푹 수그리고 감탄했습니다.

벌써 한 달이 되었습니다. 코드는 십일조를 하나님께 드리며, 그

봉투에 감사의 말을 썼습니다.

"직장을 주신 하나님께 감사, 내 건강을 주신 하나님께 감사, 해와 공기를 주신 하나님께 감사, 기쁨을 주신 하나님께 감사, 우리 아버지를 일 다 마치시고 천국으로 보내주신 하나님께 감사."

이 글을 목사님은 천천히 교인들 앞에서 읽었습니다.

교인들은 모두 감탄하였습니다.

"태양 감사, 공기 감사, 천국 감사, 직장 감사"에 모두가 감사를 느껴 다음 주일에는 많은 신자들이 그런 감사 헌금을 하나님께 받쳤습니다.

결 론

세상에 살면서 하나님께서 주신 태양, 공기, 하늘, 지구, 곡식, 화초, 산, 들, 만물을 깊이 감사하는 삶에게는 기쁨이 충만합니다.

남의 세상에 살면서, 남의 것을 무료로 쓰면서 그 감사를 모른 다면 도둑놈이나 다를 바 없습니다.

여러분의 주인은 부모도 아닙니다. 선생도 대통령도 아닙니다. 오직 만물을 지으시고, 우리에게 필요하게끔 허락하신 하나님 아버지가 우리의 주인입니다.

주인되시는 하나님 아버지의 허락이 없으면 새 한 마리도 땅에 떨어지지 않습니다. 우리 생명의 생사도 하나님 아버지가 허락치 않으면 이뤄지지 않습니다. 이 아버지가 우리의 주인이십니다. 주인의 은혜를 알고 보답해야 하고, 그에게 나의 가진 모든 것으로 봉사해야 합니다. 그것이 사람들의 삶의 본분입니다.

9 토기장이의 손

【말씀】 "진흙으로 만든 그릇이 토기장이의 손에서 파상하매 그가 그것으로 자기 의견에 선한대로 다른 그릇을 만들더라"(렘18:4)

 교화

흙으로 만든 그릇을 토기라 합니다. 첫째, 흙에 물을 부어 반죽을 하고, 그 다음에 생각대로 손으로 모양을 만듭니다. 그 다음엔 그늘에서 그 그릇을 말립니다. 충분히 말려졌다 생각될 때에 토굴 속에 차곡차곡 쌓아 넣고 불을 때는 것입니다. 토기가 다 익었다 생각될 때에 불 때는 것을 중단하고 하루를 지나서 하나하나 조심히 꺼냅니다. 그러면 토기로 사용할 수 있습니다.

그러니 토기가 크고 적고 또 둥근 것, 사각 모양 등으로 만들어지는 것은 토기장이의 손끝에 달려 있습니다.

그런데 우리 사람도 마치 토기와 같습니다. 사람들의 모양이 남자요, 여자요, 백색이요, 흙색이요, 황색이요, 크게 혹은 작게 만드는 것은 오직 우리 기술자이신 토기장이 하나님의 손 끝에 달려 있는 것입니다.

여기서 말하려고 하는 뜻은
① 우리의 생명도 하나님이 주심이요
② 우리의 육체도 하나님이 주심이요

③ 우리의 마음도 하나님이 주심이요
④ 우리의 모양도 하나님 손끝에 있다는 것을 말하려는 것입니다.

그러니까 이 지구에서 사는 사람들은 모두 하나님께 감사해야 합니다. 그런데 이 세상을 살아 가노라면 죄의 세력이 강해서 하나님이 만드신 착한 마음을 파괴하고 죄악의 악한 마음으로 바꿔놓습니다.

예를 들면, 교만한 자, 게으른 자, 살인자, 거짓말하는 자, 싸우기를 좋아하는 자 등. 악한 사람들이 많은데 모두 부주의로 인해서 그렇게 악한 마음으로 변화됐습니다.

죄악은 세상의 고통, 슬픔, 절망, 죽음으로 인도합니다. 그런데 이렇게 악한 것으로 변한 것을 무엇으로 선하게 회복이 되느냐?

그것은 나의 회개와 노력과 하나님의 도우심으로 회복될 수 있습니다.

솔로몬은 말했습니다.

"은과 금은 도가니에서 새롭게 만들고 사람의 마음을 하나님께서 만든다."

죄악이 많은 세상이라 사람의 마음으로 잘 안 됩니다. 그러므로 선한 생활을 하려 해도 심히 어렵습니다. 그래서 이 세상은 좋은 사람들이 많지 않습니다.

어떻게 해야 선을 오래 유지할 수 있을까요? 토기장이가 되시는 하나님께 항상 가까이 있을 때만이 우리는 선을 계속 가질 수 있고 위대한 인간의 업적을 이 세상에 남길 수가 있는 것입니다.

🦙 예 화

고로토는 프랑스의 피아니스트입니다. 그는 세계 최고 피아니스트입니다. 또 관현악과 합창단을 지휘하는 데도 세계 최고의 지휘자로 이름을 날리고 있었습니다.

그가 제일 첫번 피아노 경연 대회에서 특상을 받았을 때입니다.

마음이 교만해지기 시작하였습니다.

'내가 프랑스에서 제일 가는 음악가' 라는 교만에서 하나님을 떠나기 시작하였습니다. 주일을 안 지키고 술집으로 들어갔습니다. 여자 친구를 사귀는데 그치지 않고, 이 여자 저 여자의 정조를 마음껏 짓밟아버렸습니다.

그러다 자기 몫으로 모은 조그만 재산을 모두 팔아서 경치 좋은 바닷가에 별장을 짓다가 모두 도둑을 맞아 하루사이에 거지가 되었습니다.

이런 관계로 고로토는 특출한 음악의 재능을 날려 버리고 말았습니다. 2년 후에는 무서운 매독까지 걸려 극도의 염세자가 되어 버렸습니다. 그가 독약을 들고 강가로 12시 경에 외롭게 나갔습니다. 강변 가까이 이르러 잠깐 쉬려고 잔디에 앉아 있을 때 어디선가

"땡그렁, 땡그렁"

종소리가 울려옵니다. 그 종소리는 교회의 목사님이 직접 타종을 하는 거룩한 종소리였습니다.

'12시입니다. 고요히 주님께 한 번 더 기도하고 편히 주무십시오.' 라는 뜻이라는 것입니다.

이 종소리는 고로토의 가슴을 깊이 두드려 주었습니다. 자기도 모르는 사이에 가슴이 뭉클하더니 울음이 터져 나왔습니다.

"주여, 나를 불쌍히 여기소서. 나는 죄인이로소이다. 내게 특출한 음악의 재능을 하나님이 주셨건만 오늘 이렇게 절망하게 되었습니다. 내 몸을 어떻게 할 수 없으니 뜻대로 하소서."

그렇게 쓰러져 기도를 드리다가 정신을 잃었습니다.

조금 후, 새벽 5시에 또 종소리가 울려왔습니다. 이 종소리는 '은혜의 새 아침이 되었습니다. 일어나 감사 기도를 드리고 하루의 계획을 세워 일을 시작하십시오' 라는 뜻입니다.

고로토는 여기서 정신을 차려 한발 두발 걸어 목사님 댁을 찾아갔

습니다.

　너무도 유명한 사람이라 목사님은 얼른 일어나 고로토를 환영하였습니다. 그리고 목사님은 고로토의 회개를 받은 후 기도하는 별실로 인도했습니다. 1년 동안을 치료도 하고, 기도도 하고, 하나님께 예배 드려 모든 영적인 병과 육적인 병도 다 회복이 되었습니다.

　고로토의 그 다음부터의 생활은 급속도로 발전이 되어 세계적인 지휘자가 되었습니다.

　고로토는 매일같이 새벽마다 성전에 나가 감사 기도를 드리고 그런 다음에야 책임을 감당하는 것이었습니다.

　고로토는 말합니다.

　"토기장이 우리 하나님이 나를 불쌍히 여기시고 이렇게 고쳐주시고, 회복시켜 주셨으니 이제부터의 생활은 전혀 하나님만 기쁘시게 하는 음악 생활을 해야 합니다."

결 론

　세상의 권세자는 사탄입니다. 사탄은 특별히 큰 사람들을 노려 실패한 인간을 만듭니다. 이 세상에는 실패한 인간들이 너무도 많습니다.

　그런데 이 불행에서 다시 옛 것으로 고쳐지고 회복하는 길은 하나님의 손 밖에는 없습니다.

　하나님께 먼저 와야 합니다. 그러면 하나님은 과거를 묻지 않고 용서해 주십니다.

　용서로부터 하나님의 사랑의 역사는 시작이 됩니다. 그 다음엔 복종입니다. 예배입니다. 뒤를 돌아보지 않고 예수님 손을 붙들고 따라갈 뿐입니다.

　그러면 곧 완전히 영육의 환부가 회복이 되어 주의 참다운 종이 되는 것입니다.

10
두 사람의 선장

【말씀】 "백부장이 선장과 선주의 말을 바울의 말보다 더 믿더라"(행27:11)

교화

바울 사도는 예수를 전하다 감옥에 갇혔습니다. 집권자들은 바울에게 "예수는 전하지 말라. 그리하면 큰 죄가 된다."고 경고를 내렸습니다. 그렇지만 바울 사도는 양심대로 어디 가나 예수님의 교훈과 예수님의 부활하심을 전하는 것이 설교의 골자였습니다.

집권자들은 바울을 잡아 가두었습니다. 그리고 때가 되어 재판을 받으러 이탈리아로 데리고 갔습니다.

거기는 배를 타고 가게 되었습니다. 그런데 며칠을 지나서 바울 사도는 하나님의 지시를 받아 배가 떠나는 것이 위험함을 알고 인솔자 백부장에게 말하였습니다.

"이 배가 오늘 떠나는 것은 매우 위험합니다. 그러니까 며칠 후에 떠나야 되겠습니다." 백부장이 이 소리를 듣고는 "그럴까?" 의심을 품고 몇 분들에게 물었습니다. 그런데 다들 모른다고 대답하였습니다. 그렇지만 선장은 그런 말을 듣고 백부장에게 말씀드렸습니다.

"그렇지 않습니다. 염려 마세요. 내 말만 들으세요. 출발합시다!"

선장의 말을 듣고 곧 출발을 명하였습니다.

바울 사도가 일러주는 말은 무시하고 말았습니다. 배에 타고 있는 사람들 중에 어떤 이들은 "선장이 알지 저까짓 죄수가 뭣을 안다고 야단이야!" 이렇게 비웃는 사람도 있었습니다.

그런데 어떤 이들은 "그래도 하나님의 종인데 선장보다 잘 알께야! 세상을 주관하시는 하나님의 지시가 옳지. 선장의 말이 옳겠습니까?" 이렇게 바울을 높이고 선장을 멸시하는 사람도 있었습니다. 그렇지만 선장의 말을 듣고 배는 떠났습니다.

하루를 갔는 데도 바다에는 아무 이상이 없습니다. 그러므로 선원들 전체가 "선장이 잘 알았군! 특별히 물결이 조용한데 마치 거울같이 잔잔해!" 이렇게 말들을 했습니다.

하루가 지나고 이틀째 계속 항해하는데 때는 저녁 때입니다. 천천히 바람이 일기 시작했습니다. 그러더니 물결이 점점 크게 일어났습니다.

점점 배는 움직여서 해변을 나게 되는데 큰 바람이 갑자기 일어났습니다. 물결이 산같이 일어납니다. 하늘엔 검은 구름이 뭉게뭉게 밀려가고 오고 하더니 삽시간에 온 하늘은 검은 천막처럼 덮였습니다.

아직 해질 때가 되지 않았는데, 사방이 온통 캄캄합니다. 파도소리가 하늘을 뒤집어 놓는 듯 합니다.

배는 물결 따라 깊숙이 들어갔다가 또 물결 따라 하늘 높이 떠오릅니다. 이렇게 되니 사람들은 아우성을 칩니다.

"바울 사도의 말을 들었더라면 살 터인데. 인제는 죽었다. 아이쿠 아이쿠!"

사람들의 얼굴은 창백해졌습니다.

"배 안에 있는 상품이나 물건들을 모조리 바다로 던져 버리세요. 사람부터 살아야겠습니다."

선장도 무섭고 떨리는 목소리로 말했습니다.

이 소리에 배 안에 있는 상품이며 물건들을 모두 바닷속으로 아낌없이 던져 버렸습니다.

그렇지만 파도는 더욱 태산처럼 높이 오르고 그 소리는 세상을 뒤흔들듯 요란합니다. 바울 사도는 두 손 모아 간절히 하나님께 기도를 드렸습니다. 그러므로 그 무서운 풍랑 속에서도 어느 한 사람 상함없이 목적지까지 도착하게 되었습니다.

이렇게 된 후에야 '바울의 말이 바로 맞았다.'고 감탄을 하며 하나님께 영광을 돌렸습니다.

우리 사람들이 이 세상을 살아간다는 것은 마치 넓은 바다에 작은 배를 타고 노 저어가는 격이라 할 수 있습니다. 그런데 여기에는 두 사람의 선장이 있습니다.

하나는 선장이요, 또 하나는 바울 사도입니다.

선장은 사탄이요, 바울 사도는 예수님입니다.

즉, 예수 선장이 있고, 죄의 선장이 있다는 것입니다.

여러분 마음에는 지금 어떤 선장을 모시고 있습니까? 돈 자랑, 지식 자랑, 권세 자랑, 경험 자랑하는 세상의 죄악의 선장입니까? 아니면 예수 선장입니까? 세상을 지으시고 우리의 생명과 만물을 창조하신 예수 선장입니까? 우리는 자세히 살펴서 참 인도자 선장인 예수를 모셔야 하겠습니다.

바울 사도는 로마서 7:22에 이런 말을 했습니다.

"내 속사람으로는 하나님의 법을 즐거워하되" 이것은 누구에게나 해당하는 일입니다. 누구나 다같이 경험하는 일입니다. 이 세상은 하나님의 세상입니다. 하나님이 주관하시는 세상입니다. 그러므로 죄악을 사랑하는 법은 떨쳐 버리고 하나님을 사랑하는 법을 가져야 합니다.

세상 죄악의 선장은 쫓아 버리고 예수 선장을 모셔서 속히 행복의 길을 가야겠습니다.

예 화

독일에 샤이데만이란 사람이 있었습니다. 제1차 대전 후 독일의 수상직을 맡았고 나치에 의해 추방되었습니다.
 그가 15살 때였습니다. 여름 방학이 끝나고 개학을 하는 날 저녁입니다. 멀리 이사를 갔던 친구 콘이 찾아 왔습니다. 그리고 하는 말이
 "오늘 내 일을 도와주렴. 그러면 내가 그 값을 잊지 않을께."
 샤이데만은 이소리에 귀가 번쩍 띄었습니다.
 "무슨 일인데?"
 "그것은 묻지마!"
 "안 돼!"
 "한 시간만 빌려 주면 많은 대가를 줄터인데!"
 샤이데만은 여기서 생각을 하였습니다.
 "빌려줘서 많은 돈을 벌어 볼까? 아니야 목적도 모르는 것을 빌려 줄 수 없어 그만둬!"
 이렇게 두 가지의 마음이 싸우고 있습니다.
 그렇지만 콘이 너무너무 애걸했기 때문에 차를 빌려 주기로 허락을 하였습니다. 그 차는 샤이데만의 아빠 차였습니다. 한 시간이면 된다고 했는데 오질 않았습니다. 샤이데만은 걱정을 하였습니다. 그날 밤이 지나고 다음날 아침 8시가 됐는데도 차가 들어오질 않았습니다. 샤이데만 아빠는 차 때문에 걱정을 하십니다. 샤이데만은 아버지께 사실대로 말씀드렸습니다.
 "이놈 자식, 아빠 것을 물어 보지도 않고 남에게 빌려줘? 이 미련한 놈 같으니!"
 아빠는 책망을 하십니다. 그렇지만 샤이데만은 일언 반구 대답할 힘이 없습니다.
 저녁 때쯤 돼서 경찰이 찾아 왔습니다.
 "당신의 차가 13의 6679요?"
 샤이데만의 아빠에게 두 눈을 부릅뜨고 묻는 것이었습니다.
 "예! 그렇습니다."

샤이데만의 아빠는 죄가 없었지만 경찰이 공박하는 바람에 떨리는 목소리로 대답을 하였습니다.
"이 차는 강도의 차요, 강도 3인이 차를 몰고 강도질하다가 체포되었습니다."
큰 소리를 치더니 샤이데만 아빠에게 수갑을 채우고 끌고갔습니다. 그 샤이데만의 친구 콘은 강도들의 심부름꾼으로 따라다니는 아이였습니다. 샤이데만은 많은 대가를 준다는 바람에 그런 실수를 범하게 되었습니다. 샤이데만과 그 아빠와 온 가족이 도둑으로 몰리어 큰 고통을 당하게 됐습니다.
"빌려주자!" "안 된다" 두 가지의 마음이 들 때, "안 된다"고 대답을 했너라면 "된다"고 허락을 하여 그런 봉변을 당하지 않았을 것입니다.
샤이데만은 깨달았습니다."앞으로는 절대로 악한 대로 신경을 아쓴다"는 것입니다.
그는 그런 결심을 하고 나중에 수상의 높은 자리에까지 오르게 된 것입니다.

결 론

우리가 살아가는 주변에 우리를 유혹하는 것들이 많이 있습니다. 그러기 때문에 아무데나 내 마음을 빼앗겨서는 망합니다. 항상 두 가지의 마음이 우리를 좌우하고 있습니다. 그때 우리는 기도하는 중에 주의 음성을 들어 악한 데는 끊고 선한 데 마음을 줘야 합니다.
그럼 어떤 때에 우리의 마음이 유혹을 받느냐? 욕심 때문에, 큰 유혹에 빠져 악한 마음에게 굴복하게 됩니다. 우리는 항상 선한 마음에 굴복하여 큰 성공을 거두기 바랍니다.

11
너희는 세상의 빛이라

【말씀】 "너희는 세상의 빛이라 산위에 있는 동네가 숨기우지 못할 것이요"(마5:14)

교화

　예수님은 믿는 사람에게 "빛이 되라"고 교훈하셨습니다. 그러니까 '예수를 믿으면 빛과 같은 사람이 된다'는 뜻입니다.
　빛은 어떤 역할을 합니까? 좋은 것을 알려 주고, 또 악한 것도 알려 주는 역할을 합니다. 그와 반대인 것이 있으니, 그것은 어둠입니다. 이 어둠은 좋은 것도 덮어서 안 보이게 하고 악한 것도 안 보이게 합니다. 캄캄한 데서 글을 볼 수 없습니다. 사람을 바로 볼 수 없습니다. 밤길에는 물건이 안 보이기 때문에 넘어져 다치기도 합니다.
　어떤 집의 할아버지가 밤길에 비를 맞으면서 집으로 돌아오다가 돌에 발이 걸려 넘어지면서 우측 20m되는 언덕 아래로 떨어져 그만 목숨을 잃게 되었습니다. 이튿날까지 할아버지가 안 돌아오시니 온 집안이 떠들썩하게 찾아 나섰습니다.
　찾아 나선지 20시간 만에야 숨이 끊어진 할아버지를 찾아냈습니다. 그 이튿날이 바로 할아버지 손녀의 결혼식인데 갑자기 결혼식을 연기했습니다. 이렇게 되니 양가의 심정은 말할 수 없이 혼잡해졌습니다.

자, 오늘날 이 세상은 죄 때문에 캄캄한 세상이 되어 버렸습니다. 날마다 신문에 기재되는 사건들은 살인, 사기, 위조, 교통 사고, 화재, 슬픔, 절망, 고통 등으로 장식이 돼 있습니다. 그 이유는 악의 세력이 강해서 즉, 악의 어둠이 캄캄해서 선민들이 걸려 넘어졌다는 표라 하겠습니다.

어떤 가정에는 딸 셋, 아들 하나, 모두 네 남매가 있는데 그 중에 아들이 천하의 불량배가 되어 부모의 속을 애태우고 있어 부모는 할 수 없이 아들을 경찰서에 고발해서 투옥해 버리고 말았습니다.

아들은 대학을 다니다 중퇴했습니다. 돈벌이를 못하니 부모한테 매일같이 강요합니다. 겨우 공부나 시킬 정도였는데, 아이들 공부 때문에 논밭을 팔아 가난해졌습니다.

아들은 요구하는 돈을 안 준다고 부모를 주먹으로 막 쳐서 쓰러뜨립니다.

견디다 못해 경찰에 고발했으나 부모의 마음은 또한 걱정입니다. 이제 옥살이를 하고 나온 후에 부모와 온 식구들을 기름을 뿌려서 몰살을 하고 말겠다는 것입니다.

이것들이 어둠의 사건이 아니고 무엇입니까?

이런 중에 빛이 된다는 것입니다. 예수님을 믿음으로 그런 어둠 속에 쓰러져 절망, 슬픔 속에 불행하게 헤매는 사람들을 바른 길로 인도해 주는 빛이 된다는 것입니다.

어둠 속에 헤매는 사람도 예수를 믿음으로 변화됩니다. 또 어둠 속에 있는 사람을 내가 빛으로 인도해 준다는 것입니다.

그러니 예수를 믿는다는 것이 얼마나 귀한 역사를 하는 사람이 된다는 것을 알 수 있습니다.

예 화

고재복이란 사람은 평양에서 제일 망나니 불량자였습니다.

하루는 순경이 잡으러 왔습니다. 그 이유는 5만원 꾼 돈을 받으러 온 사람의 집에다 휘발유를 뿌리고 불을 질렀습니다. 다행히도 소방서에서 재빨리 도착하여 소화를 했기 때문에 큰 손해는 없었습니다. 그러나 돈 꾸어 준 사람은 너무도 억울해서 경찰서에 고발을 하였습니다.

마침 재복이는 그런 줄 알고 도망치려고 저녁을 먹고 나가려는데 순경 두 사람이 잡으러 왔습니다.

"재복"하고 형사는 억지로 쓴 웃음을 지으면서 불렀습니다.

"예, 예! 나도 알고 있어요. 그래서 내가 자진해서 가던 길입니다."하며 두 손을 형사에게 내밀었습니다.

"오늘은 참으로 용기가 있는데."

순경은 수갑을 채우러 재복 앞으로 갔습니다.

"이렇게 모두 복종만 하면 걱정이 없는데?"하며 순경이 마음놓고 왼손으로 재복의 손을 잡고 수갑을 채우려는데, "탁" 수경 한 사람의 얼굴을 갈겼습니다. 순경은 수갑을 던지며 뒤로 쓰러져 버렸습니다.

그런 다음 곧 이어서 다른 순경을 또 쳤습니다. 코피가 터져 붉은 피가 쏟아집니다. 두 눈이 통통 부어 오릅니다.

재복은 그리고서 어디론지 피신했습니다.

그는 한달 후에야 체포되었습니다. 그리고 재판을 받아 3년이란 징역을 선고 받고 투옥되었습니다. 재복은 편지를 썼습니다.

"나를 체포한 순경 두 놈, 내가 3년 후엔 그놈들의 뼈를 먼지가 되게 해 줄 터이니 기다려라!"는 사연이었습니다. 이 편지를 경찰서장 앞으로 보냈습니다.

그런데 남산현교회 목사님이 재복이가 투옥이 됐다는 말을 듣고 매주 한 번씩 찾아가 전도를 하였습니다. 일년 만에 재복은 회개를 하고 옥중에서 세례를 받았습니다.

어언 3년이 흘러서 출옥하게 되었습니다. 출옥하기 전 재복은 교

도서장께 면회를 청해 출옥하여 옥중의 전도자로서 봉사를 하겠다고 약속까지 하였습니다.

그러므로 재복은 새로운 재복이가 되어 주의 종으로 10년간이나 감옥 전도자로 봉사하다가 병으로 세상을 떠났습니다.

그는 10년간 많은 죄수를 하나님께 돌아오게 하였습니다. 그가 죽는 날 이런 말을 남겼다는 것입니다.

"악한 죄인을 전도사로 만들어 준 아버님께 감사합니다. 10년간의 보람을 보시고 내 영혼을 천국으로 인도하소서!"

결 론

사람이 사람을 다시 고쳐 만들 수가 없습니다. 하나님만이 사람을 고쳐 만들 수 있습니다.

고재복이란 극악한 죄수 속에 예수님의 빛이 들어가 그 돌짝밭, 가시밭, 길바닥 같은 마음이 녹아 새 사람이 되었습니다.

오늘날 이 세상에는 악인이 너무도 많습니다. 그래서 날마다 고통, 슬픔, 실패, 살인이 떠날 날이 없습니다.

저 사람은 좀 믿을 만하겠지 하고 봤는데 그 사람도 생각한 것과는 다른 사람이었습니다.

'세상은 우는 사자가 삼킬 자를 찾고 있다.'고 했는데, 정말 그렇게 사람들이 모두 배고픈 사자들처럼 사납게 되어 버렸습니다.

이런 세상에서 예수님을 잘 믿어야 되겠습니다. 그래야 마음이 착해지고 온유해지고 사랑의 사람이 됩니다.

예수님은 말씀하셨습니다.

"내가 의인을 부르러 온 것이 아니요 죄인을 부르러 왔노라"(마 9:13).

하루 속히 예수를 마음에 모시고 행복한 사람, 행복한 가정, 행복한 국가로 만들어야 하겠습니다.

12
우리는 모두 그릇이다

【말씀】 "큰 집에는 금과 은의 그릇이 있을뿐 아니요 나무와 질그릇도 있어 귀히 쓰는 것도 있고 천히 쓰는 그릇도 있나니"(딤후 2:20)

🦙 교 화

　사람들은 다 그릇입니다. 남자 그릇, 여자 그릇, 큰 그릇, 작은 그릇, 애기 그릇, 어른 그릇 등 종류는 많습니다. 또 세상 물건에는 제각기 값이 정해져 있습니다. 금 그릇은 얼마? 은 그릇은 얼마?

　그런데 사람마다 그릇의 가치는 없습니다. 그릇 속에 무엇이 담겨 있고 어떻게 쓰여지고 있느냐는 가치의 차이가 있습니다.

　여기 단지가 있습니다. 단지에 꿀이 담겨 있으면 꿀 단지, 단지에 물이 담겨 있으면 물 단지, 단지에 오줌이 담겨 있으면 오줌 단지, 단지에 간장이 담겨 있으면 간장 단지.

　그러면 여기 보세요, 어느 단지가 제일 값이 나가겠습니까? 꿀 단지가 제일 값이 나갑니다. 오줌 단지는 가져가래도 가져갈 사람이 없을 것입니다.

　이와 같이 사람은 모두 같은 단지라고 부를 수가 있습니다. 대통령도 단지, 총장도 단지, 교장도 단지, 목사도 단지, 대장도 단지입니다.

　그러나 단지 속에 무엇이 들어 있고, 어떻게 쓰여지느냐에 단지의 값은 정해지게 됩니다.

'위대한 사람이다. 훌륭한 사람이다.' 하는 사람은 그 속에 좋은 마음이 들어 있는 사람이요, 또 그 좋은 마음을 잘 쓰고 있는 사람입니다.

이순신 장군이라 하면 우리 나라에 좋은 그릇입니다. 그 속에는 애국심이 가득 들어 있었고, 그 애국심을 충분히 발휘하였습니다.

아브라함 링컨이라 하면 좋은 그릇입니다. 그 속에는 애국심과 흑인 노예 해방의 사랑이 담겨 있었지요. 그 사랑을 모두 쏟아 봉사했기에 좋은 단지가 되었습니다.

우리 한국 사람들의 장점이 있다면 재간이 좋습니다. 머리가 좋습니다. 그런데 단점은 무엇일까요? 그것은 '좋은 마음을 쓰는 사람이 적다. 좋은 마음 쓰지를 않는다.' 는 것이라 하겠습니다.

"금 덩어리 서 말이라도 써야 그 값이 나간다."는 한국 속담이 있습니다. 가졌어도 소용없고, 알아도 소용없습니다. 하나라도 행해야 그 값이 나타나게 되는 것입니다.

내가 여러분들께 부탁하는 것은 단지 안에 세계에서 제일 좋은 것을 담고, 또 세계에서 제일 좋은 일에 쓰라는 것입니다.

바울 사도는 말했습니다.

"내 주 그리스도 예수를 아는 지식이 가장 고상함을 인함이라"(빌 3:8)

그러니까 제일 좋은 마음을 소유하려면 예수를 배워야 합니다. 담아야 합니다.

예 화

독일의 몰트케(Moltke)가 있었습니다. 독일의 원수(元帥), 참모총장으로 많은 공을 세운 사람입니다. 처음에는 하나님을 믿지 않았습니다. 그런데 하루는 중요한 작전에 자기 부인이 보이질 않아 매우 답답해 하였습니다.

　그때는 오스트리아와 전쟁 중이었습니다. 어려운 전쟁에 대승리를 거두었습니다. 그리고 집으로 돌아왔는데도 자기 부인을 볼 수가 없었습니다. 집으로 돌아온지 이틀 후 저녁에 부인이 어디에 있다는 것을 알았습니다. 성전 지하실 기도실에서 금식 기도를 하고 있다는 소식을 들었습니다. 몰트케는 찾아갔습니다. 목사님을 통해서 부인 면회를 청했습니다. 목사님은 들어와 몰트케 부인에게 그 말을 전하였습니다. 부인은 목사님께 이런 말을 전하고 나오지 않았습니다.

　"내가 15일을 금식하기로 결정했으니 아직 3일은 더 있어야 나가겠습니다."라는 것이었습니다.

　목사님은 이렇게 전해줬습니다. 몰트케는 이 소리를 듣고야 이번 오스트리아 전쟁 승리가 자기의 기술이 아니라 부인의 기도의 힘이었다는 것을 알았습니다.

　몰트케는 그 자리에서 쓰러지는 듯 침대에 엎드려 하나님께 감사 기도를 드렸습니다.

　3일 후에 부인은 돌아왔습니다. 몰트케는 반가움에 부인을 끌어안고 키스를 하였습니다. 그러면서 첫마디가

　"먼저 하나님께 감사하고, 다음 기도해 준 부인께 감사하오."

　그리고 몰트케는 묻지도 않는 말에 부인에게 이렇게 약속하였습니다.

　"전쟁을 이기게 하신 살아계신 하나님을 나도 지금부터 믿겠오. 세계에서 가장 귀한 이는 첫째 하나님, 둘째 당신, 셋째 나라입니다."

　교회까지 거리가 2Km나 되지만 매일 새벽이면 꼭 나가 제단 앞에서 기도를 드리고 하루의 임무를 이행합니다.

　그가 참모 총장이 되어 온 장성을 모아 놓고 긴 시간 연설을 하는 중, 제일 첫번째 한 말은 이것입니다.

"우리 독일의 참모 총장은 몰트케가 아니고 예수 그리스도입니다. 내가 선 것은 내가 선 것이 아니고, 내 속의 예수 그리스도가 계시기 때문에 내가 지금 선 것입니다. 내가 지금 하는 말은 내 말이 아니고, 내 속에 계시는 예수 그리스도의 말입니다. 병력이 나라를 보호하지 않습니다. 무기가 적을 물리쳐 주는 것이 아닙니다. 예수 그리스도가 나라의 국방이요, 최신 무기입니다. 우리 나라가 승리하려면 우리 모두가 예수 대장을 앞에 모셔야 합니다. 그렇지 않으면 우리 나라는 머지 않아 패국이 됩니다."

결 론

지식에도 예수요, 권세에도 예수요, 예술에도 예수요, 전쟁에도 예수가 제일입니다. 우리 모두가 마음 단지 속에 예수를 담고, 또 그 교훈대로 일하고, 뛰고 싸우고 근면합시다.

예수만 담아도 소용이 없습니다. 예수님 말씀대로 복종해야 힘이 되고, 기술도 되고, 무기도 되고, 빛이 됩니다.

시편 27편 "여호와는 내 생명의 능력이시니 내가 누구를 무서워 하리요. … 전쟁이 일어나 나를 치려 할찌하도 내가 오히려 안연하리로다"고 말씀하셨습니다.

13
목마른 자들아

【말씀】 "너희 목마른 자들아 물로 나아오라 돈 없는 자도 오라"(사 55:1)

교화

'목마른 자' 란 무엇을 자꾸 갖기를 원하고, 알기를 원하고, 보기를 원하는 그런 욕망을 가진 자를 말합니다.

어떤 농촌에 보통으로 살고 있는 집이 있었습니다. 자녀가 6남매였습니다. 아들 셋, 딸 셋입니다. 그런데 아들들은 공부를 시키고 딸들은 모두 공부를 시키지 않습니다.

하루는 아빠가 소를 팔아 그 돈을 장농에 넣어 두었습니다. 이유는 둘째 아들의 결혼에 쓰려는 것이었습니다.

맏딸이 그것을 알아 차렸습니다. 3일 후에 그 돈이 없어졌습니다. 맏딸도 없어졌습니다. 알고 보니 맏딸이 그 돈을 훔쳐 갖고 달아난 것입니다. 이유는 너무 공부를 하고 싶은데, 아빠가 학교를 보내질 않아 딴 곳에 가서 공부를 하려고 그 돈을 갖고 갔다는 것입니다.

'공부를 하고 싶은 마음, 그 욕망' 이 곧 마른 일입니다.

어떤 집에 부인이 예배당에 몹시 가고 싶었습니다. 그래서 하루는 남편한테 물었습니다.

"여보, 교회에 가고 싶은데 가도 되겠어요?"

남편은 쾌히 가라고 승낙을 했습니다. 그 다음엔 시어머니에게 물었습니다.

"어머님, 나 예수를 믿겠어요. 그래서 온 가정을 복 받게 하렵니다."

시어머님은 이 소리를 듣고 펄쩍 뛰며, 두 눈이 갑자기 뻘개집니다. 그리고 큰소리로 머리를 절레절레 흔들면서 욕을 하는 것입니다.

"우리 집에 별년 다 들어 왔구나! 예수를 믿는다고? 허 예수를 믿으면 가정 망하는데! 가정 망하는 예수를 믿겠다고 안 된다. 안돼!"

며느리는 그만 달아나 버렸습니다. 이렇게 예수를 믿어 보겠다는 욕망이 곧 목마른 일입니다. 그러니까 세상에서 살 때 목마른 일이 많습니다.

공부를 하고 싶은 욕망, 돈을 모으고 싶은 욕망, 대통령이 되고픈 욕망, 장가를 가고픈 욕망, 미국을 가고픈 욕망 등이지요. 그러나 나쁜 욕망도 있습니다.

김 서방을 때려 주고픈 욕망, 누구네 물건을 훔치고 싶은 욕망, 나쁜 일을 하고픈 욕망, 술집에 가고픈 욕망, 도박하러 가고픈 욕망, 학기말 시험 중에도 극장에 가고픈 욕망 등 종류는 말할 수 없이 많습니다. 그런데 이런 욕망도 곧 목마른 일입니다. 이런 목이 마른 사람들은 다 내게로 오라는 것입니다.

쥐들이 목이 말라 돌아다니다가 창에 치어 죽었습니다. 새들이 목이 말라, 아무데서나 날개 펴고 모이를 쪼아 먹다가 생명을 잃는 수가 많습니다. 그러니까 목이 마른 사람들은 사랑으로 부르신 하나님께 와서 간절한 마음으로 가슴을 열어 놓고 기다려야 합니다.

그런데 기다리는데 네 가지의 방법이 있습니다.

① 믿고 구할 것.
② 정성드려 구할 것.
③ 구하는 만큼 노력할 것.
④ 끝까지 구할 것.

등입니다.

 **예 화**

수원에는 유명한 것이 많습니다. 그 중에도 수원 성곽과 동서남북에 서 있는 대문들, 장안문, 팔달문, 동문, 서문이 있고 또 연무대며 옛날 왕이 쉬어 갔다는 화령전 또 내가 제일 사랑하는 팔달산입니다.

팔달산 꼭대기에는 "서장대"라는 큰 정자가 있습니다. 그 밖에도 많이 있습니다. 그러나 내가 말하려고 하는 것은 팔달산 중턱에 약수터에서 있었던 일입니다.

약수터에 초하루 보름이면 어디서 오는지 부인들이 와서는 촛불 켜 놓고 북어 대가리를 놓고, 사과, 오징어 등을 차려 놓고 절을 열 번씩, 백번씩 합니다. 그리고는 뭐라고 중얼중얼하기도 합니다. 그때가 음력 9월 15일 새벽입니다. 35세쯤 되어 보이는 여자가 그렇게 빌고 있는 것입니다.

나는 그녀가 제사를 마칠 때까지 뒤에 숨어서 기다리다가 돌아설 때 이렇게 물었습니다.

"무슨 큰 걱정거리가 있어서 그렇게 정성드립니까?"

그 여자 눈에서는 눈물이 그렁그렁 맺힙니다.

"우리 집에 큰 걱정이 생겼습니다. 우리 남편이 위암인데 절망적입니다. 그래서 마지막으로 산신령님께 빕니다."

그 부인은 이렇게 대답합니다.

나는 말해 주었습니다.

"걱정 중에 제일 큰 걱정입니다. 그런 큰 걱정을 풀어 줄 사람이 이 산속 신령나무입니까? 아주머니 잘 생각하세요. 북어 대가리, 오징어, 사과 한쪽이나 받아 먹고 위암을 고쳐 줄 귀신, 그런 것을 믿습니까?"

그리고 나는 그 부인 앞을 떠나 내려왔습니다.

자, 이 부인의 목이 얼마나 탈까요? 얼마나 목이 마를까요?

이 세상에는 이렇듯 목 마른 사람들이 헤일 수 없이 많이 있습니다.

배를 띄우려면 바다로 가야 하고, 물을 마시려면 우물가로 가야 하는데, 어떻게 목 마른 사람이 사막으로 달려갑니까? 참으로 어리석은 부인입니다.

"목마른 사람은 다 내게로 오라!" 하신 하나님께로 와야 우리의 목마름을 해갈할 수 있습니다.

예 화

황해도 해주에 김성남이란 사람이 있었습니다. 자식이 없던 부모님은 성남이를 낳았습니다. 부모는 잘 길러 보려고 결심을 하고, 그 애를 절에다 팔았습니다. 어느 중의 이름을 따서 김풍선이란 이름으로 고쳤습니다.

그런데 초등학교에 입학을 한 후부터 병을 앓기를 시작하는데 일 년 내내 하루도 병원에 안 간 날이 없습니다. 성적이 제일 나빴지만 2학년에 진급시켜 주었습니다. 2학년 때에도 매일같이 병원에 다닐래니 공부를 못하였습니다. 이렇게 되니 몸은 물론 약할 때로 약해졌고, 공부도 하기 싫어졌습니다.

그렇지만 3학년에 올라갔습니다. 3학년에 가서는 그렇게 몸이 약하지 않으나 그 대신 공부를 못했습니다. 부모의 걱정은 몸 약한 데는 신경을 덜 쓰고, '공부를 잘 했으면' 하는 마음입니다. 부모의 목마름은 한이 없습니다.

몸이 약할 때는 건강의 목마름, 공부를 못할 때는 공부의 목마름, 취직이 안 될 때는 취직의 목마름, 장가를 가야 할 때는 결혼의 목마름 등이 있습니다.

어머니는 정신을 차렸습니다. 풍선이를 잘 되게 하려고 스님한데 맡겼는데, 이루 말할 수 없는 고통과 풍파만이 겹쳐 들어와 목사님을 찾아갔습니다.

　목사님은 말씀해 주셨습니다.

　"불교는 하나의 석가모니의 학문을 배우는 것 뿐이고, 불교의 행사는 잡신을 섬기는 무지한 일입니다. 그의 글은 우리가 배워 유익이 되지만 신앙의 대상으로 믿을 수는 없습니다.

　석가모니는 죽을 때 화장을 해서 그 **뼈**가루를 바다에 뿌려 그의 뼈마저 없어졌습니다. 그러나 예수님은 죽었다가 3일 후에 부활하여 승천하셨습니다. 그런 후 천국에 계시며 오늘까지 아니 앞으로 영원까지 세상을 지키십니다. 그러므로 참 신앙의 대상자가 될 수 있는 살아계시는 우주의, 영의 아버지입니다. 속히 예수를 믿으세요."

　풍선이 부모는 물론 온 가족이 다음 주일에 예배당에 가서 등록을 하고 예수를 믿기로 결심하였습니다. 그 다음부터 풍선이는 몸도 건강하고 공부도 잘하고 마음도 착해져 부모의 소원 대로 일본의 와세다대학을 졸업하고 그 학교의 훌륭한 교수가 되었습니다.

결 론

　"목마른 사람은 다 내게로 오라."고 하나님은 말씀하셨습니다. 세상은 죄악 때문에 모든 사람이 항상 목마른 생활을 합니다. 그러나 이 목마름을 해결할 분은 예수님 뿐입니다.

　"내가 주는 물을 먹는 자는 영원히 목마르지 아니하리니"(요 4:14).

　풍선이의 부모는 매우 목이 갈했습니다. 돈으로도 안 되었습니다. 힘으로도 안 되었습니다. 권세로도 안 되었습니다. 온 몸이 허약해져 죽을 뻔하였습니다. 그런데 예수를 만나 속이 시원하게 해결되었습니다.

14
너희 죄가 얼굴을 가리워서

"너희 죄가 그 얼굴을 가리워서 너희를 듣지 않으시게 함이니"(사 59:2)

 교화

예수님은 우리에게 말씀하셨습니다.

"무엇이든지 내게 구하면 다 이루게 하리라"(요 14:13).

이 약속을 믿고 우리 사람들은 간절히 기도를 드립니다.

장사하는 사람들은 사업이 잘 되도록, 공부하는 학생들은 시험에 좋은 성적을 거두도록, 연구하는 사람들은 그 연구하는 바가 속히 성공이 되도록, 백 가지 천 가지의 소원을 채우려고 예수의 이름으로 기도합니다. 그런데 이 요구가 다 이뤄지지 않습니다.

그때에 사람들은 하나님은 거짓말쟁이 또, 어떤 이는 하나님이 안 계신다고 여러 가지로 하나님께 그 책임을 돌리고 있습니다.

그런 사실에 있어서는 그 요구가 왜 안 이루어질까? 그 이유가 궁금한 문제입니다. 그 이유를 내가 오늘 확실히 여러분들에게 알려 드리겠습니다.

① 우리가 죄가 있기 때문에 그 죄에 가리워 우리의 기도가 하나님께 상달되지 못하기 때문입니다.

② 우리의 생각과 하나님의 생각이 다르기 때문에 우리의 생각이

너무 부족해서 옳지 못한 것을 구하게 되기 때문입니다.
③ 사람들은 너무 부족합니다. 그래서 하나님은 우리 요구를 들어주실 때가 있습니다. 그때를 참지 못하고 중단하면 못 받습니다.
④ 우리가 기도할 때에 우리의 할 일은 우리의 힘이 미치는 대로 충성을 해야 합니다. 덮어 놓고 앉아서 기도만 한다고 이루어지지 않습니다.
"공부에 좋은 성적을 거두게 해 주세요" 기도하는 사람은 좋은 성적을 거둘 수 있도록 열심히 시간을 다투어 공부를 해야 합니다. 책은 덮어 놓고 열심히 기도만 해서는 안 됩니다.
⑤ 어떤 때는 요구에 다른 것을 주시는 때가 있습니다. 유치원 아이가 칼을 달라고 엄마한데 요구합니다. 사과를 깎아 먹겠다고, 그 때 엄마는 칼을 주지 않습니다. 그때에는 아이가 들고 있는 사과를 오히려 엄마가 빼앗아 잘 먹을 수 있게 깎아서 아이에게 줍니다.
이렇듯이 우리의 요구를 들어 주지 않고 더 좋게 만들어 주십니다.
⑥ 어떤 사람이 오늘 비가 안 오게 해달라고 기도를 합니다. 그 사람의 딸이 오늘 결혼식입니다. 그러나 지금은 가물어서 곡식이 타서 죽을 정도입니다. 그 때에 한 사람의 욕심의 기도를 들어 주시겠습니까? 그때는 흡족한 비를 내려 주십니다. 그러니까 요구하는 사람의 반대로 내려 줄 때도 있습니다.

예수님은 우리에게 말씀하셨습니다.
"천지는 없어지겠으나 내 말은 없어지지 아니하리라"(마 24:35).
그러니까 하나님의 말씀이나 약속은 절대로 변치 않습니다. 하나님께 요구하는 것은 그 이상의 좋은 것으로 이루어 주십니다.
그러니까 우리의 요구대로 안 이루어져도 우리에게는 유익이 되는 일입니다. 그래서 하나님께 기도하는 것은 이미 받은 줄로 믿고 감사해야 합니다.

🦙 예 화

자유당 때에 유명한 어른이 있었습니다. 그는 의학박사였습니다. 큰 자선 사업도, 교회에서 봉사 사업도 많이 하셨습니다. 그가 어떤 생각으로 국회의원 선거에 후보자가 되어 크게 활동을 하였습니다. 있는 돈도 다 써버렸습니다. 땅도 있는 대로 다 팔았습니다. 그가 다니는 교회는 물론 많은 사람들이 열심히 선거 운동에 협력해 줍니다.

그 뿐인가요, 많은 빚도 졌습니다. 선거 운동원들은 모두 이구동성으로 '이번 박사님은 꼭 당선됩니다. 만나는 사람들마다 꼭 당선된다' 고 약속을 합니다.

그뿐인가요. 그 부인도 말합니다.

"하나님이 우리의 기도를 꼭 들어주십니다. 내가 계시를 받았습니다."

그러는 바람에 이번 선거에 꼭 당선될 줄로 믿었습니다. 그런데 천만에요. 많은 차이로 낙선됐습니다. 땅도 날아가고, 저금통장도 날아갔습니다. 남의 빚도 많이 졌습니다. 박사는 초죽음이 되어 버렸습니다.

박사는 그날부터 하나님께 기도도 안 드리고 예배당에도 안 나갑니다.

"하나님이 계시면 내 기도를 안 들어 주실까? 어림도 없는 소리!"

자 생각해 봐요. 왜 하나님은 이 박사의 기도를 안 들어 주셨을까? 그 이유를 제가 설명해 드리겠습니다.

① 하나님은 언제나 우리 사람 편에 서서 우리를 유익되게 기르시고 돌봐주십니다.

② 그러기 때문에 우리의 요구가 손해가 될 경우 하나님은 안 들어 주십니다.

③ 우리가 요구하는 것 외에 다른 것이 필요할 때에는 딴 것을 주십니다.
④ 어린 아이가 운전을 못합니다. 이와 같이 우리가 이용 못할 것은 아예 주지 않습니다.

그후 한 달이 지났습니다. 학생 혁명으로 자유당이 무너졌습니다. 주요 인물들은 모두 투옥되었습니다. 이때 박사는 깨닫고 하나님 성전에 나가 밤새도록 눈물로 참회하며 철야기도를 드립니다.

"하나님, 용서해 주세요. 제가 미련해서 하나님의 지혜와 섭리를 몰랐습니다. 전번 의원 선거에 제가 당선이 되었다면 사형감이었습니다. 이렇게 살려 주셔서 감사합니다."

칼을 달라고 졸라대는 아기에게 칼을 안 준 것입니다.

오늘 그 기도를 안 들어 주신 것이 하나님이 나를 사랑하시는 표임을 우리는 미처 모를 때가 많이 있습니다.

 결 론

죄가 내 속에 있을 때는 자기의 잘못을 모르고 남의 잘못만 들추어 원수시 합니다. 또 자기의 기도가 하나님께 상달하지 않는 것도 모릅니다. 그래서 천하에 자기가 제일 잘났고, 좋고, 위대한 것으로 자랑을 합니다.

그렇지만 예수를 믿고 진정 자기의 죄를 깨닫고 회개한 후에는 자기처럼 나쁜 놈은 또 세상에 없는 것처럼 겸손해집니다.

그래서 예수님은 말씀하셨습니다.

"나를 믿으려면 먼저 자기 욕심을 버리고 십자가를 지고 나를 따르라"고 교훈하셨습니다.

15
심지가 견고한 자를

"주께서 심지가 견고한 자를 평강에 평강으로 지키시리니"(사 26:3)

 교 화

사람이 사는 것은 마음에 있다고 합니다.

'좋다' 는 것은 마음의 기쁨을 말하는 것입니다.

'슬프다' 고 하는 것은 마음의 슬픔을 말하는 것입니다.

이북에서 공산당의 협박으로 고통을 당하며 살다가 이남으로 그 사선의 삼팔선을 넘어 온 것은 발이 넘었지만 그러나 마음이 운전해서 몸이 넘어 온 것입니다.

'농구에서 세계 일위를 얻었다' 하면 모두 마음이 그만큼 강하게 또 지혜있게 활동을 해서 영광의 상을 받은 것입니다.

'김서방은 성공했다' 하면 마음이 그렇게 활동해서 그런 결과를 얻은 것이고, '실패했다' 그러면 마음이 그만큼 불미했다는 증거입니다.

그러므로 행복하려면, 성공하려면, 형통하려면 그만큼 마음이 착하고 굳고 활동성이 있고 인내심이 있어야 합니다.

우리가 매일 먹고 사는 쌀을 생각해 봐요, 쌀알 한 알이 아무것도 아닌 것처럼 생각이 되지만 그것 하나가 잘 자라서 사람들의 입으로 들어오기까지에는 농부들의 많은 수고와 땀으로 이루어진 것입니다.
　우리 속담에 '칠전 팔기'란 속담이 있습니다. 이것은 '일곱 번 넘어졌다가 여덟 번 일어난다'는 말입니다.
　세상은 죄가 많아서 그 죄악이 우리가 하는 일을 방해합니다. 그래서 견디다 견디다 넘어집니다. 그렇게 넘어지기를 일곱 번 넘어졌습니다. 그렇지만 다시 용기를 내서 일어섭니다.
　'다시 일어선다'는 것. 그것은 첫째 마음이 굳어야 합니다. 또 마음만 굳어도 안 됩니다. 활동성이 있어야 합니다. 또 마음이 한 번만 굳어도 안 됩니다. 백 번 넘어지면 백한 번 일어서겠다는 인내심이 있어야 합니다.
　성경에 욥이란 사람이 있었습니다. 동방에서 제일 위대한 사람이라고 하나님은 칭찬하셨습니다.
　욥은 어떤 사람인가? 알아보기로 합시다.
　그에게는 일곱 형제의 아들이 있었고 또 어여쁜 딸 세 자매가 있었습니다. 그러니까 모두 열 남매의 자녀가 있었습니다. 그리고 재산도 많았습니다. 하루는 집이 무너졌습니다. 소와 양들도 많은데 하룻동안에 다 병들어 죽었습니다. 그 다음에는 열 남매의 자녀들이 산이 무너져 몰살하였습니다.
　뿐만 아니라 욥은 무서운 피부병이 들었습니다. 기왓장을 들고 몸뚱이를 벅벅 긁어도 시원치 않았습니다. 밤잠을 설치고, 괴로웠습니다. 부인은 너무도 너무도 억울하고 분해서 하나님을 원망했습니다. 또 남편 욥에게도 하나님을 원망하고 믿지 말자고 충동을 하였습니다.
　그렇지만 마음이 굳은 욥은 흔들리지 않았습니다. 도리어 부인에게 권고하였습니다.
　"여보, 내가 뱃속에서 세상 나올 때에 빈손으로 나왔지요. 오늘까지 내게 있던 자녀니 재물이니 모든 것은 다 우리 하나님이 주셨던 것이지요. 그런데 하나님이 내게 주셨던 것 도로 가져 갔으니 어찌 원망하겠어요. 그만큼이라도 주셨던 것이 오히려 감사 찬송할 일입니다."

하나님은 욥의 굳은 마음, 거룩한 마음, 끈질긴 인내심에 감동하셨습니다. 그래서 하나님은 마음을 돌이키시고 복을 내려 주셨는데, 아들 딸 열 남매를 다시 주시고 재산도 갑절이나 주셨으며 자녀들에게 다 특별한 재능을 많이 주셨습니다. 사람이 성공하고 또 승리하고 행복케 되는 일이 마음에 달렸습니다.

그런데 이 마음을 굳세게 지혜롭게 만드는 것이 내 힘에 있는 것이 아닙니다.

첫째, 선천적인 축복입니다.
둘째, 후천적인 축복입니다.
셋째, 하나님의 도우심입니다.

우리 한국 속담에 '재산있는 자는 밥줄이 궁하다' 란 말이 있습니다. 재산이 있는데 왜 궁합니까? 많은 재산으로 많이 벌어서 많이 모아 두면 부자가 될터인데 어째서 궁할까요?

그 이유는 여기에 있습니다.

첫째, 사람의 재간은 지속성이 없습니다.
둘째, 사람의 재간에는 교만이 따릅니다.
셋째, 교만은 큰 범죄만 잦습니다.

그러므로 재간이 많은 사람의 광에는 쌀이 없습니다. 그러니까 마음이 굳어서 웬만한 어려움을 참고 나가는 사람은 하나님을 잘 믿는 사람입니다.

 예 화

미국의 공원으로 제일 큰 공원이 있습니다. 그 위치는 로스앤젤레스에 자리를 잡았는데 미국에서만 제일이 아니고 세계에서 제일가는 공원입니다.

여기에는 동물, 식물, 조류 등 수만 가지의 구경을 다 할 수 있는 공원입니다. 이 공원을 만든 사람은 디즈니(Disney)라는 사람입니다. 이 사람은 만화 작가입니다. 만화를 그려서 영화 만들기를 시작했는데, 이것으로 큰 부자가 되었습니다.

이 사람이 연구하던 끝에 그런 만물 공원을 만들어 사람들에게 좋은 구경 거리를 만들어 주었습니다. 이 디즈니의 이름을 따서 '디즈니랜드'라 공원 이름을 붙였습니다.

그가 처음 만화를 그릴 때는 모두 반대하였습니다. 심지어 부모까지 무척 반대를 하였습니다. 하루는 미술 전람회에 출품을 하려고 6개월 동안이나 걸쳐 그림 하나를 그려 놓고 내일이면 본부에 보내려고 모든 준비를 마쳤습니다.

그리고 하룻밤을 지냈습니다. 아침 일찍 일어나 밖으로 나가 별실로 들어갔습니다. 그리고 그림을 꺼내려고 휘장을 젖혔습니다.

6개월 간이나 마음을 먹고 그려 놓은 그림 한복판에 누가 검둥이 칠을 칠해 놓았습니다. 뿐만 아니라 사방으로 서투른 강아지 그림을 하나씩 그려 놓았습니다. 완전히 그림 한폭을 버리고 말았습니다. 그 그림의 내용은 만화입니다.

큰 산 밑에 아담한 동네가 있고, 그 동네 한복판에 연못이 있는데 연못 둘레로는 열매 나무로 울타리를 쳐 놓았고, 그 연못 뒤 남향으로 평화스러운 집이 있는데 그 집 앞에서 애들이 고무줄 놀이를 하고 그 고무줄 놀이를 할아버지가 앉아서 구경을 하는 그림이었습니다.

디즈니 생각에도 자신이 있다고 보고 금년 미술전에는 최우수상은 틀림없다고 마음먹고 있었습니다.

그 걸작을 버리게 되었습니다. 디즈니는 그 자리에서 쓰러졌습니다. 정신을 잃은 지 4시간이나 되었으나 깨어나지 않았습니다. 디즈니 엄마는 아무 소리가 없어 별실로 들어갔습니다. 이 별실은 화실과도 같은 방입니다.

엄마는 얼른 디즈니를 차에 싣고 병원으로 달려갔습니다. 응급 치료를 해서 디즈니는 제정신을 찾았습니다.
 디즈니는 말했습니다.
 "아버지가 그렇게 한 줄로 알았어요. 아버지는 나의 하는 일에 반대하시니까요."
 일주일 후에 디즈니는 완전히 회복이 되었습니다.
 "디즈니야, 만화는 그리지 말라고 했는데 또 만화를 그릴거냐?"
 아버지는 물었습니다.
 "예, 만화를 그리겠어요. 하나님이 내게 만화의 재간을 주셨어요. 아버지! 나는 아버지의 말씀보다 하나님의 명령에 복종하겠어요."
 디즈니는 담대히 말했습니다.
 "그러면 너는 내 아들이 아니야! 나가서 하나님과 함께 살아라!"
 아버지는 당장 내어 쫓았습니다.
 "하나님, 내 손가락이 성하니 감사합니다. 그림은 손가락으로 그리는 것이니까요. 계속해서 그리겠어요."
 이렇게 디즈니는 하나님께 기도를 드렸습니다.
 디즈니는 여러 가지 난관이 산처럼 쌓여 있었습니다. 그렇지만 그럴 때마다 하나님께 기도하여 새 힘, 새 지혜를 얻어 승리하여 오늘의 세계에서 제일 위대한 만화가가 되었고, 세계에서 제일 큰 공원을 만들어 많은 사람들에게 기쁨을 주고 있는 것입니다.

결론

세상에는 죄가 많습니다. 따라서 사람들은 목적하고 전진하는 것에 큰 방해가 많습니다. 이 방해를 사람의 의지와 지혜로는 견뎌 내기 힘듭니다. 그러나 하나님께 구하면 하나님께서 함께 하시고 밀어 주셔서 이기게 하십니다.
 그러니까 사람들의 승리는 혼자서가 아니라, 하나님과 합작해서 큰 승리의 위대한 작품을 낳을 수 있는 것입니다.

16
풍족하니 하나님을 섬기지 않음

"네가 모든 것이 풍족하여도 기쁨과 즐거운 마음으로 네 하나님 여호와를 섬기지 아니함을 인하여 네가 주리고 목마르고 헐벗고"(신 28:47-48)

교화

사람들에게는 두 가지의 욕심이 있습니다.
첫째, 착한 욕심
둘째, 악한 욕심
선생님께서 성국이에게 물으셨습니다.
"성국아, 너 저금을 많이 했다는 소리를 들었다. 무슨 목적이 있느냐?"
성국이는 머리를 극적극적 긁으면서 선생님을 쳐다보며 대답을 하였습니다.
"예, 15만원을 저금하였습니다. 그래서 마을금고 회장으로부터 상도 탔어요. 그런데 이 돈을 어디다 쓰려고 저금했냐구요? 무조건 좋은 일에 쓰려고 한푼 두푼 모은 돈이 그렇게 됐는데요. 그걸로 우리 고선생님 어머니 치료비로 드리려고 합니다. 내일이면 찾아 드릴 작정입니다."
"고선생 어머님이 병환중이시냐?"
선생님은 다시 고개를 갸우뚱하시며 물으셨습니다.

"중한 병으로 3일 전에 입원하셨습니다."
성국이는 눈을 껌벅껌벅 거리며 두 손을 꽉 쥐고 결심이나 한듯이 대답했습니다.
선생님은 오른손을 성국이 앞에 내놓으시며 악수를 청했습니다. 성국이도 오른손과 왼손을 한꺼번에 내밀어 선생님 손을 꽉 붙잡고 악수를 하였습니다.
"성국아! 너는 정말 착한 애다. 중학교 일년생이 선생보다 마음이 크구나!"
선생님은 성국이를 칭찬해 주셨습니다. 이런 마음이 착한 욕심이란 것입니다.
그런데 다음에는 악한 욕심쟁이의 이야기를 전해 주겠습니다.
배 목사의 딸이 결혼을 한다는 소식을 들었습니다. 고무 공장의 사장되시는 강 장로께서 인사차 목사는 찾아왔습니다. 마침 두 분이 다 어디 가시고 그 집 가정부만 남아 집을 보고 있었습니다.
강 장로는 봉투를 가정부에게 주고 "결혼식에 못가게 되었으니 전해주세요."라고 전하고 떠났습니다. 모래가 결혼식입니다. 이튿날 밤에야 두 분은 들어왔습니다.
이튿날 결혼식은 마쳤습니다. 배 목사는 '영광스런 결혼식에 참석해 주셔서 감사합니다' 라는 인사장을 보냈습니다. 이 인사장은 축의금을 보낸 사람이나 안 보낸 사람에게나 다 한결같이 보냈습니다.
강 장로의 축의금은 십만 원짜리 수표였습니다. 가정부는 그 돈을 목사에게 전하지 않고 자기 저금 통장에 살며시 넣어 두었습니다.
결혼한 지 일 년이 지난 후에 이 일이 알려지게 되었습니다. 한 가지 도둑질하고, 두 가지 도둑질하는 사이에 도둑질에 재미가 났습니다.
우리 한국 속담에 '꼬리가 길면 잡힌다' 는 말도 있고, '재미나는 골에 호랑이 나온다' 는 말도 있습니다.

가정부는 결국 발각이 되어 큰 도둑놈이란 이름이 붙게 되었습니다. 가정부는 악한 욕심쟁이였습니다.

이리하여 착한 욕심에는 더 착한 일을 많이 해서 그의 이름이 길이길이 이 땅에 남게 되지만, 악한 욕심은 그렇지 않습니다. 처음에는 기분이 좋고 만족하고 다행처럼 생각되지만, 나중에는 꼭 큰 불행의 열매가 되는 법입니다.

그런데 착한 욕심이라 해서 다 우리가 좋다고 마음을 놓을 수가 없습니다. 이유는 착한 욕심도 차차 변하기 때문입니다.

본문에 하나님께서 하신 말씀을 우리는 기억할 수가 있습니다. 마음이 착하고 좋은 욕심을 가졌기 때문에 하나님은 축복하셔서 많은 은혜를 주셨습니다.

이 사람은 처음에는 하나님께 감사를 드렸습니다. 십일조를 바치고 이웃을 구제하였습니다. 교회에 건축 헌금을 바쳤습니다. 그런데 이 좋은 마음을 오랫동안 계속되는 동안에 사탄이 들어와서 인색한 마음으로 만들고 말았습니다.

그래서 이제부터는 내 욕심에만 쓰게 됩니다. 이웃이 병들었는데도 못본 척합니다. 이웃이 굶는 데도 모르는 척합니다. 국가에서 무엇을 세운데도 모르는 척합니다. 내 집만 크게 짓습니다. 내 자녀들에게만 수십, 수백 만원도 아까운 줄 모르고 남용합니다. 내 옷, 내 기구, 내 먹는 것에만 물쓰듯 써 버립니다. 항상 내 자랑, 내 치장, 내 욕심에만 많은 재산을 허비합니다.

재물에 축복을 주신 하나님의 은혜는 조금도 감사할 줄 모릅니다. 항상 내 교만한 알리고 있습니다.

이제는 재물이 그 집에 하나님이 되어 버렸습니다. 재물 이상 무서운 것이 없고, 자기 이상 높은 어른이 이 세상에 없습니다.

이렇게 되니 기도도 끊어졌습니다. 사랑도 다 말라 버렸습니다. 감사 헌금도 아까와서 바칠 수 없습니다. 예배당도 갈 필요성을 느끼지 못합니다. 예배당 대신 다방에 갑니다. 교인 친구는 점점멀어지고 술친구가 더 많습니다.

하나님께 조금도 양심상 가책을 느끼질 않습니다. 이제는 완전히 하나님과 원수가 되어 버렸습니다.

하나님은 그렇지만 옛날을 생각하고 회개하기를 기다리셨습니다. 이렇게 기다리기를 2년이 지났습니다. 해를 거듭할수록 돈을 많이 모았지만 죄악도 많이 저질렀습니다.

요나서에 이런 말씀이 있습니다.

"백성들이 날이 갈수록 범죄하는 그 범죄의 실적이 쌓이고 쌓여 하나님 나라에 상달이 되었다"는 것입니다. 이와 같이 이 사람의 죄악이 하나님 앞에 높이 상달되어 하나님은 참을 수 없어 큰 벌을 내리기로 결정하셨습니다.

처음에는 사업이 망하게 되었습니다. 공장에 큰 화재가 났습니다. 그래도 이 사람은 깨닫지 못합니다. 이번에는 몸에 병이 들었습니다. 간경화증으로 재산이란 재산은 다 팔아 버렸습니다. 그래도 정신을 못차립니다. 그 다음에는 아들이 하나 있는데, 자동차 사고로 중상을 입어 병원에 입원하게 되었습니다. 아빠 치료비, 아들 치료비가 없습니다. 이제는 남의 집에서 빚을 얻어 씁니다.

이제는 정말 알거지가 되어 버렸습니다. 그래도 이 사람은 깨닫지 못합니다. 이제는 이 주인의 귀한 생명을 데려가고 말았습니다. 이 가정은 이제 참으로 불행하고 불쌍한 가정이 되어 버렸습니다.

🐎 결 론

성경 갈라디아서 6:7에 '사람이 무엇으로 심든지 그대로 거두리라'는 말씀이 있습니다. 이 교훈은 누구에게나 해당되는 말씀입니다.

그래서 예수님은 말씀하셨습니다.

'좁은 문으로 들어가라 좁아 힘들지만 나중에 영생이요 넓은 문으로 들어가지 마라 다행 같으나 나중에는 멸망이 온다'(마 7:13).

한국 속담에 '호사 다마'란 말이 있습니다. 이것은 좋다고 할 때에 주의하라. 성공했다 할 때에 주의하라. 높은 사람이 됐다, 많은 돈을 벌었다 또 모든 사람이 행운이라는 등의 말이 있으면 그때 주의를 하라는 말입니다. 그런 때에 사탄이 마음 속에 들어와서 그 공든 탑 행운의 면류관을 빼앗아갑니다.

그러니까 항상 내 마음 속에 예수님을 모시고 예수님께 절대 복종하는 생활을 해야 합니다. 그리하여 우리 생활의 실적이 날이 갈수록 많은 수확이 늘어나야 합니다. 진보와 향상이 뚜렷해야 합니다.

정지는 사망입니다.

'시냇가에 나무같은 축복을 주신다'(시 1:3)고 하셨는데, 그 뜻은 '날마다 모든 것에 향상과 전진이 있다'는 뜻입니다.

17
피리를 불어도 춤추지 않고

"우리가 너희를 향하여 피리를 불어도 너희가 춤추지 않고"(눅 7:32)

 교화

'피리를 불어도 춤추지 않는다'란 뜻은 '죄가 많아서 다른 사람의 사정에 동정이 없다'는 말입니다.

갑동이란 아이가 학교를 다녔는데 벌써 며칠째 학교를 안 나옵니다. 그 얼굴엔 근심의 빛이 가득 찼습니다.

"너, 왜 요즘 학교에 안 가느냐?"고 이웃집 아저씨가 물었습니다. 아이는 "우리 엄마가 아파서 제가 간호하고 있어요."라고 울먹이며 대답을 합니다. 이 아이의 집은 매우 가난합니다. 또 엄마와 아이 두 식구가 삽니다.

이웃집 아저씨는 어린 아이의 말을 듣고도 아무 생각이 없나 봅니다.

"그러냐? 고생하는구나!"

이 한 마디를 하고서는 그만입니다.

이런 아저씨가 '피리를 불어도 춤추지 않는 사람'이라 할 수 있습니다. 이 세상은 모두가 서로 도우며 살아가는 세상입니다.

아픈 사람 병문안도 서로 도와주며, 일 못하는 사람의 일을 붙들어 주는 일도 돕는 일, 남의 물건을 팔아 주는 일도 서로 돕는 일, 배추를 사거나 이발을 하거나 신발을 사는 일 모두가 돕는 일입니다.

　남의 도움 없이는 절대로 못 사는 세상입니다. 그런 세상에서 어떤 사람이 훌륭하고 위대한 사람이냐고 만인에게 묻는다면 '남의 일을 적거나 크거나 쉽게 기쁨으로 도와 주는 사람이 위대한 사람' 이라고 대답할 수 있습니다.

　그래서 예수님은 우리에게 좋은 진리의 말씀을 주셨습니다.

　"네 이웃을 네 몸과 같이 사랑하라"(마 19:19).

　이 사람은 피리를 부는데 춤을 잘 추는 사람이라 말할 수 있습니다.

　세계적으로 유명했던 사람들은 다 이웃의 피리를 불 때에 춤을 잘 추는 사람들이었습니다. 예수님을 보십시오. '다른 사람을 위해서 생명까지 희생하라' 하셨고, 또 그렇게 예수님 자신이 살으셨습니다.

　미국의 유명한 대통령 아브라함 링컨을 보십시오. 장터에 흑인들이 줄 서 있는 것을 보고 엄마에게 물었습니다.

　"저 흑인들은 왜 장터에 줄 서 있어요?"

　엄마는 대답을 했습니다.

　"흑인들은 상품이란다. 사람들이 와서 보고 일을 시키려고 그 흑인들을 사 간단다."

　"그럼 아이들은?"

　"아이 흑인은 그 어른 흑인의 아들, 딸이란다."

　"아이를 사 가면 엄마 흑인과 아빠 흑인은 보고파 슬퍼 운단다."

　이 말을 듣자, 아브라함 링컨은 가슴이 뭉클해졌습니다.

　"사람들을 물건처럼 팔다니 어디 그런 일이 세상에 있을까?"

　가슴이 아팠습니다. 언제나 흑인을 사랑하는 마음이 가슴에 꽉 차 있었습니다.

　아브라함 링컨이 대통령이 되었습니다. 제일 첫번째 큰 일은 흑인 노예 해방이었습니다. 흑인 노예 해방자 아브라함 링컨 대통령은 흑인들의 구세주가 되었습니다. 흑인들의 피리 소리에 춤을 잘 추었습니다.

한국에는 문둥병 환자의 구세주가 있습니다. 그분의 이름은 이일선 목사입니다. 연세대 의대를 졸업하고 신학대학을 졸업하였습니다. 그래서 의사요, 목사입니다.

대학교에서도 부르고 교회에서도 이일선 목사를 간절히 불렀습니다. 그렇지만 모두 사양하고 울릉도 문둥병 수용소에 찾아가 병원을 세우고 또 교회를 세워 불쌍한 그들의 눈물을 닦아주었습니다. 복음을 전합니다.

이일선 목사는 공로가 너무도 커서 세계 막사이사이 평화상을 수상했습니다.

이일선 목사는 문둥병 환자들의 피리 소리에 견딜 수 없어 춤을 잘 춘 사람입니다.

성경에 모세는 동족의 피리 소리를 듣고 견딜 수 없어 왕궁의 왕자로서 무한 세상 영광을 누렸으나, 다 뿌리치고 저 미디안 광야 이드로의 양을 치는 목자로 내려 갔습니다.

그러나 사람의 중심을 아시는 하나님은 모세의 위대함을 보시고 불러 힘과 용기를 주시어 이스라엘의 용감한 지도자로 세우셨습니다.

애굽의 왕자의 영광을 버리기까지 이스라엘의 슬픔을 같이 슬퍼했고 이스라엘의 고통을 함께 경험하려고 애굽의 왕자의 높은 자리도 마다한 모세는 참으로 이스라엘의 피리 소리에 견딜 수 없어 미친 듯이 춤을 추었습니다.

오늘 우리 한국의 청년들은 피리를 불고 있습니다.

오늘 우리 한국의 어린이들은 피리를 불고 있습니다. 우리 한국의 남자들은, 오늘 우리 한국의 여자들은 피리를 불고 있습니다. 오늘 우리 한국의 가난한 사람들은 피리를 불고 있습니다.

언덕 너머로 가만히 구경만 하고 있겠습니까?

저 길거리에 무리져 다니는 동포들은 주야로 피리를 불고 있습니다. 왜 그 소리를 못 듣고 있습니까. 귀를 열어 분명히 듣고 우리는 춤을 춰야 합니다.

 예 화

미국의 카네기는 철강 회사를 설립하여 거부가 되었습니다. 하루는 어두운 밤 집으로 돌아가는 길인데 도서관을 지나게 되었습니다. 흰눈이 펄펄 날리는 추운 겨울인데 그 도서관에서 많은 학생들이 꾸역꾸역 출입문이 미어지게 나오는 광경을 물끄러미 쳐다보고 있었습니다.

이윽고 어떤 학생에게 물었습니다.

"이 어두운 밤까지 공부를 하고 갑니까?"

학생은 이 말을 듣고 분주히 가려고 하다가 발걸음을 멈추고 서서 겸손히 대답을 합니다.

"공부하는 학생은 많고 도서관은 적어서 매일 이렇게 비좁은 중에서 공부를 하다가 늦게야 갑니다."

이 소리를 듣고 카네기는 그 학생 앞에 고개를 숙여 감사의 인사를 하였습니다. 이는 공부를 하는 학생이라면 무조건 기특히 여겨져 그렇습니다. 카네기는 6개월 밖에 공부를 못해서 항상 공부한다는 학생들을 보고는 '내일의 이 나라의 주인들아!' 고 기뻐 감사를 합니다.

그렇구나! 내가 할 일은 이거다. 나는 무식해서 몰랐는데 이제야 깨달았구나!

그리고 집으로 돌아가서 부인한테 그 얘기를 전했습니다.

"학생들은 많은데 도서관이 적어서 밤늦도록 힘들게 앉아 공부를 한다는데, 우리 도서관을 많이 지어 학생들이 자유로 공부하게 하면 어떻습니까?"

부인도 이 얘기에 크게 감동받아 도서관을 하나 둘 지어 나라에 바친 것이 무려 2,800개나 된다는 것입니다.

공부하는 학생들의 피리 소리를 카네기는 잘 들었습니다. 그리고 춤을 잘 추었습니다.

이 소리를 듣고 신문 기자가 카네기의 집을 방문하였습니다. 기자는 인사를 하고 카네기에게 물었습니다.

"카네기 선생님이 제일 좋아하는 것 좀 말씀해 주세요."

"예 저는 네 가지를 좋아하고 실천해 왔습니다.

① 나는 하나님을 사랑합니다.
② 돈을 사랑합니다.
③ 자유를 사랑합니다.
④ 세상의 소리를 바로 듣기 원합니다."

"예, 좋은 말씀 잘 들었습니다. 그런데 그것을 좀 설명해 주세요."

기자는 볼펜으로 하나하나 적으면서 말했습니다.

"예, 대답하겠습니다. 나는 무식한 사람이라 잘못된 일이 많으니 널리 양해 하시기 바랍니다."

"예, 괜찮습니다. 다 좋은 말씀입니다. 어서 말씀해 주세요."

기자의 두 눈은 파랗게 빛이 납니다.

"첫째, 하나님은 세상의 주인이십니다. 곧 하나님을 믿는 것이 사람의 본분입니다.

둘째, 나는 봉사를 많이 하려면 돈이 많이 있어야 된다는 결심을 항상 가졌습니다.

셋째, 자유로이 구경하고, 자유롭게 말을 하고, 자유롭게 판단하므로 지식이 올바르게 성장한다고 믿습니다.

끝으로, 세상 사람들의 부르짖는 소리를 바로 듣고 그것에 속히 응해 주는 것입니다.

어떤 이는 듣지도 못하고, 어떤 이는 듣고도 모른 척하고 있기도 합니다. 나는 깨달았습니다. 세상의 소리를 듣고 속히 응답해주어야 그 사람이 위대한 사람이라 봅니다. 내가 2,800개의 도서관을 지어서 나라에 바친 것도 그런 표현입니다.

신문 기자는 감탄을 하고 돌아갔습니다.

18
향유를 주께 붓고

"마리아는 향유를 주께 붓고 머리털로 주의 발을 씻기던 자요"(요 11:2)

 교 화

이 향유는 대대로 잘 보관되어 내려 온 가보라고 했습니다. 그 가보를 예수님께 부어 드렸습니다.

이스라엘은 제사장이나 주의 종이나, 또는 왕에게 그 향유를 부어 최고 지도자란 표를 만민에게 표하는 것이 나라의 법으로 되어 있습니다.

그러니까 마리아가 예수님께 감동을 받아 중심에서 우러나는 충동을 억제 못하여 사사로이 예수님께 유대의 최고의 구세주라는 표를 하기 위하여 귀한 향유를 부어 드린 것입니다. 이것은 마리아의 예수님께 대한 신앙 고백이라고도 말할 수 있습니다.

이 향유는 가보이면서 가정의 생명이기도 합니다. 그러므로 마리아가 향유를 예수님 발에 부어 드렸다는 것은 마리아 자신의 생명을 드린 것으로도 볼 수 있습니다.

여기서 우리는 두 가지의 큰 뜻을 발견할 수 있습니다.
① 구세주 예수란 증거
② 구세주 예수님께 생명도 아낌없이 바친다는 것.

또 예수님 측에서 생각하신 것이 있는데 '예수님 장례식을 미리 생각하고 마리아가 값진 향유를 예수님께 부어드린 것'이라 믿는 것입니다.

어쨌든 마리아가 한 여자로서 이런 귀한 봉사를 예수님께 했다는 것은 지극히 귀한 일 중에 귀하고 거룩한 일이라 볼 수 있습니다.

그리하여 예수님은 말씀하셨습니다.

"온 천하에 어디서든지 이 복음이 전파되는 곳에는 이 여자의 행한 일도 말하여 저를 기념하리라."(마 26:13)

마리아가 향유로 예수님께 기쁨으로 봉사하므로 그의 이름이 세계에 알려지게 되었습니다.

그럼 내가 여기서 여러분들께 전하려는 초점은 '예수 이름으로 많은 봉사를 해서 이름을 세계에 빛내자'는 것입니다. 본 훼퍼란 독일의 목사는 예수님께 대해 이렇게 말씀해 주었습니다.

'예수는 다른 사람을 위해 최대의 봉사를 한 분이다.'

우리는 흔히 이런 말을 합니다.

① 지식은 귀한 것이다. 많이 배우자.
② 황금은 귀하다. 많이 모으자.
③ 권세는 귀하다. 높이 높이 오르자.
④ 건강은 귀하다. 철봉처럼 건강하자.

그렇지만 진정한 의미에서 이것들 자체가 귀한 것은 아닙니다. 이것들을 사용하는 마음씨가 귀한 것입니다.

① 지식을 어디에, 어떻게 쓰느냐? 선하게 쓰여졌을 때에 지식의 가치는 바로 나타납니다. 그러니까 그 쓰는 지혜는 그 마음입니다.

② 황금도 김서방 손에서 이서방 손으로 넘어갈 때, 그래서 선한 은택을 사람에게 끼칠 때에 황금의 가치는 나타나게 되는 것입니다. 그러니까 쓰여진다는 것, 그래서 선한 은택을 사람에게 끼치는 것, 그것은 마음에 달려 있는 것입니다.

황금을 저금통장 속에 깊숙이 담아 둔다면 황금의 가치는 무로 평가할 수 밖에 없습니다.
③ 권세도 그렇고 건강도 그렇습니다. 전혀 어디에 어떻게 쓰여지느냐? 그래서 어떤 유익을 이 사회에 끼쳤느냐에 따라 그들의 가치를 평가할 수 있습니다.
각자 맡은 바의 사명을 못했다면 한 푼의 가치도 없습니다. 뿐만 아니라, 그럴 때에는 해독이 되는 것들 밖에 못되는 것입니다.
그러므로 이 사회에서 보람을 주자면 모름지기 "향유를 예수님께 붓듯" 살아야 합니다.
우리는 "성공의 가치관"을 어떻게 생각하고 있는지, 한국식 "성공의 가치관"이란 좀 깊이 생각할 여지가 있다고 봅니다.
① 돈을 많이 모았다.
② 많은 지식을 배워서 박사가 됐다.
③ 과장에서 국장으로 승진했다.
④ 장관이 되고 사장이 됐다.
는 등의 내가 무엇을 소유했다는 것을 표준해서 '성공이다, 아니다'라고 판단을 내립니다. 이것은 매우 어리석은 판단입니다.
예수님이 교훈하시는 성공의 가치 표준은 '가졌다, 소유했다, 올라갔다, 누린다' 는 것을 표준해서 한 것이 아닙니다.
얼마나 봉사했느냐? 얼마나 희생했느냐? 얼마나 사용했느냐? 얼마나 지출했느냐? 등, 많이 지출했느냐? 조금 지출했느냐?의 그 나간 것을 표준해서 성공이다 실패다라고 판단합니다.
예를 들면 갑돌이란 사람이 살고 있습니다. 이 사람은 지금 62세가 되는 노년층에 속하는 신사입니다. 이 사람은 그저 식생활에 궁색함이 없을 정도로 재산을 소유하고 있습니다. 이 사람은 초등학교를 겨우 졸업하고 조그만 잡화상을 경영해 왔습니다. 그걸로 아이들 공부를 시키고 생활했습니다. 남는 돈은 모아 수원시에 싼 임야를 사두었습니다. 수원시에 신흥으로 집들이 들어서면서 땅값이 차츰 올라가 한 평 백원씩 주고 산 임야가 만원이 되었습니다.

이갑돌 씨는 그 땅의 절반을 팔았는데 무려 6억원이 넘었습니다. 갑자기 벼락부자가 되었습니다.

이갑돌 씨는 하나님께 감사 기도를 드렸습니다. 그리고 하루는 기도원으로 들어가서 기도를 드렸습니다. 기도하는 중에 하나님의 음성이 들려왔습니다.

'그것으로 집을 지어서 무산자, 무가옥 자의 집을 지어서 무상으로 주라' 는 것이었습니다.

이갑돌 씨는 그 6억원으로 자기 땅에 60가구의 집을 지었습니다. 거기에 12세대의 난민들을 수용했습니다. 무상 배급해 주었습니다.

재산은 많았지만 이제 모두 지출되어서 현금이 없습니다. 부동산도 없구요. 그냥 먹고 살 정도의 재산이 있을 뿐입니다. 재산을 봐서 이갑돌 씨는 부자라고 할 수 없습니다.

그런데, 그 아랫집에서 사는 한 사람이 있는데 그는 백만 장자입니다. 임업 회사의 사장입니다.

자가용이 세 대입니다. 사장 것, 아들 것, 딸 것, 저금 통장에도 헤아릴 수 없이 많은 현금이 저축되어 있습니다. 땅도 많습니다. 만인이 대부자라고 부르고 있습니다.

그런데 남을 위해 봉사하는 일이라고는 하나도 없습니다.

자, 이렇게 두 사람이 살고 있는데 이 두 사람 중에 어떤 사람이 크게 성공한 사람이라 말할 수 있습니까?

예수님은 이갑돌 씨를 크게 성공한 사람이라 가리키고 있다는 것입니다.

서울 가회동 어느 구석에 김상철이란 사람이 있습니다. 이 사람은 고등학교를 졸업한 후, 친구를 잘못 사귀어 큰 도둑이 되어 전과 5범의 과거가 있는 악한 사람입니다. 그는 교도소에서 전도를 받고 회개하였습니다. 그가 신학교에 입학한 것이 35세입니다. 38세에 신학대학을 졸업하고 3년 후에 목사 안수를 받고 정식 목사가 되었습니다.

김상철 목사는 돈이 없습니다. 목사 안수를 받은 후 결혼을 하였습니다. 김상철 목사는 부인과 같이 교도소의 목사가 되어 일을 합니다. 그가 많은 죄수들을 회개시켜 일생 동안 270여 명의 죄수를 보람있는 사회 일원으로 개조하였습니다.

물론 하나님의 역사로 그렇게 많은 불량자를 옳은 사람으로 고쳤습니다. 이 사람은 돈으로 남을 도운 일은 많지 않습니다. 복음으로 많은 폐인들을 올바른 사람으로 개조해 주었습니다.

김상철 목사는 그렇게 많은 일을 하다가 65세에 세상을 떠났습니다. 예수님은 김상철 목사에게 "너는 세상에서 제일 큰 성공을 하였다. 황금 면류관을 받으라"고 주셨을 것입니다.

① 내가 무엇이나 있는 것.
② 내가 무엇이나 가진 그 것.
③ 내가 무엇이나 아는 그 것.
④ 내가 무엇이나 할 수 있는 것.

그대로 있는 만큼, 가진 만큼, 아는 만큼 세상을 위해 봉사하는 사람. 그 사람은 성공한 사람입니다. 많이 봉사한다고 큰 성공은 아닙니다. 내게 있는 만큼 다 봉사하면 그 사람이 마리아처럼 가장 큰 성공자요, 참 충성된 자입니다.

예수님은 어느 안식일에 예배를 드리고 이런 말씀의 설교를 하셨습니다.

어떤 부자는 많은 것으로 헌금했고, 가난한 과부는 재산 다 바쳤는데 동전 두 푼뿐이었습니다. 그런데 예수님은 동전 두 푼 바친 가난한 과부의 헌금을 부자의 헌금보다 '많고 귀하다'고 하셨습니다. 이것이 마리아의 향유라는 것입니다.

19
예루살렘에서 여리고로

"어떤 사람이 예루살렘에서 여리고로 내려가다가 강도를 만나매 강도들이 그 옷을 벗기고 때려 거반 죽은 것을 버리고 갔더라"(눅 10:30)

교화

 이 비유의 재미있는 말씀은 예수님의 교훈입니다. 여리고란 뜻은 '피의 고개' 라는 뜻입니다.
 피는 죽음을 표하는 말입니다. 또 피의 뜻은 고통과 풍파를 말하는 것입니다. 또 예루살렘이란 뜻은 평화의 선물이란 뜻입니다. 그러니까 예루살렘이란 뜻은 평화의 하나님으로 해석할 수 있습니다.
 평안한 천국을 떠나 죽음의 풍파가 많은 죽음의 골짜기로 내려간다는 말입니다. 평안한 천국을 떠나서 죽음의 세상을 가는 사람은 반드시 큰 고통과 풍파를 만난다는 것입니다.
 우리가 사는 이 세상은 피의 골짜기입니다. 아담과 하와가 애초에 평안한 천국을 떠나 죽음의 길을 가게 되었는데, 아직도 이 죽음을 버리지를 못하고 그 속으로 깊숙이 들어와서 걷고 있습니다. 그러므로 죽음이 많고 걱정이 많이 있습니다.
 애초에 이 길을 떠날 때에는 큰 욕심을 갖고 떠났는데 그렇게 생각과 계획대로 잘 안 됐습니다. 오히려 산골짜기 험한 곳에서 도둑놈한테 매를 맞고 그만 죽게 되었습니다. 뿐만 아니라 갖고 가던 현금도 상품도 다 빼앗기고 말았습니다.

하나님의 품을 떠나서 사는 사람들은 누구나 할 것 없이 적수공권이 될 수 밖에 없다는 것입니다.

성경은 탕자의 비유를 우리에게 보여 주었습니다. 그 풍성하고 평화스럽던 아버지 집을 떠나 아들은 몇 해 만에 그 돈을 다 없애 버리고 거지가 되고 몸엔 병이 들었습니다. 견딜 수 없어 돼지와 함께 먹고 자고 지푸라기 속에서 그 더러운 냄새 속에서 살았습니다.

하나님을 떠나서 사는 사람들은 모두 육체적으로 영적으로 이렇게 살게 됩니다.

그런데 하나님을 떠난 곳은 처음엔 달콤합니다. 그래서 달콤한 길로 많은 사람들이 달리고 있는 것입니다. 그러나 나중에는 고통이요, 눈물이요, 생각할 수 없는 불행이 일어나게 됩니다.

그래서 예수님은 말씀하셨습니다.

"좁은 문으로 들어가라 멸망으로 인도하는 문은 크고 그 길이 넓어 그리로 들어가는 자가 많고"(마 7:13).

그러므로 우리는 어디서 무엇을 하던 하나님을 떠나서는 안 됩니다. 나의 한 팔을 잘라낼지언정 하나님을 떠나서는 안 됩니다. 나의 재산을 다 날려 버리는 한이 있을지라도 하나님을 떠나서는 안 됩니다. 예루살렘을 떠나서는 안 됩니다. 이것이 지혜있는 일입니다.

요셉을 생각해 보세요. 요셉은 형제들의 미움을 받아 먼 곳으로 팔려 갔습니다. 이 집으로, 저 집으로 팔려 다닙니다. 나중에는 보디발이란 장관네 집에 팔려 갔습니다.

여기서는 보디발의 부인에게 억울한 누명까지 쓰고 욕을 먹고 매를 맞고 말할 수 없는 모욕과 고통과 부끄러움을 당하였습니다.

뿐인가요. 나중에는 감옥에까지 들어가 살게 되었습니다. 그렇지만 요셉은 하나님을 떠나지 않았습니다. 즉 예루살렘을 떠나지 않았습니다. 그렇기 때문에 애굽나라의 총리로 올리워졌고, 자기의 형제와 부모를 만나게 되었고, 고센 땅이란 기름진 옥토까지 애굽 바로 왕으로부터 선물로 받게 되었습니다.

고센 땅을 선물로 받을 때에는 전국적으로 칠년 간의 흉년으로 많은 사람들이 흉년 재해에 희생을 당하였습니다. 그렇지만 요셉의 부모와 형제, 그리고 70여명의 가족들이 다함께 배부름과 영광의 혜택을 받게 되었습니다.

창세기 39:23에 "여호와께서 요셉과 함께 하심이라. 여호와께서 그의 범사에 형통케 하셨더라."고 말씀하십니다.

예 화

성경에 요나라는 사람이 있었습니다. 그 사람은 하나님의 종으로 택함 받은 사람입니다. 하루는 하나님께서 이 요나를 불러서 선교의 명령을 내렸습니다.

"저 니느웨로 가서 나의 복된 말을 전하라. 그리하면 네게 복이 있으리라."

"예, 그럼 가겠습니다."

얼른 대답을 하고 며칠간 준비를 하고 떠나갔습니다. 가는 도중에 요나는 마음이 변했습니다.

'니느웨란 곳은 악한 곳인데 왜 그리로 전도를 보내실까? 그곳은 전도 대신에 큰 벌을 받아야 하는 곳인데 유황불을 보내지 않고! 하나님은 좀 생각이 부족한 것 같애!'

혼자 이렇게 생각을 하고서 행선지를 자기 마음대로 변경하였습니다. 그리고 욥바라는 곳을 향해 배를 탔습니다. 자기 마음대로 목적지를 변경하고 떠나니 불안감이 물결치듯 일기 시작합니다.

'그렇지만 하나님이 그까짓 조그만 일에 신경을 쓰실려구?'

혼자서 이렇게 말을 하면서 갑니다. 하루 이틀은 바람이 잔잔해서 기분이 퍽 좋았는데, 한 주일이 지나자 바람이 불기 시작합니다. 바람 따라 파도가 일어납니다. 설상 가상으로 구름이 이리저리 몰려다니더니 몇 시간 만에 하늘을 온통 덮어 버렸습니다.

이윽고 무서운 채찍비가 내립니다. 하늘에서는 채찍비, 바다에서는 산 같은 파도, 이리하여 배는 거의 깨어지게 되었습니다. 선원들은 아우성을 칩니다.

선장은 "조용히 하시오. 우리의 생명이 위태로우니 몸들은 가만히 진정하시오!"

이때에야 깨달았습니다.

"이중에 누군가 죄가 있기 때문에 이런 풍파가 일어납니다. 그러니까 속히 이 속에서 죄인을 잡아내야 되겠습니다."

선장은 두 눈이 둥그래서 급한 말로 크게 소리를 치는 것입니다. 제비를 뽑아 죄인을 골라냈는데, 요나가 바로 걸렸습니다. 그때야 요나는 자기가 죄가 있다는 것을 자백하였습니다.

요나의 죄는 하나님의 말씀을 떠난 것입니다. 니느웨를 간다고 대답을 하고는 딴 길로 갔습니다. 그것이 곧 말씀을 떠난 것이요, 하나님을 떠난 것입니다.

요나는 크게 회개를 하였습니다. 선장에게 자기를 묶어서 바닷속으로 던지라는 것입니다.

사람들은 요나를 묶어서 깊은 바다로 던졌습니다. 그랬더니 하나님은 바닷속에 고래를 준비했다가 요나를 받아 뱃속으로 삼켜 버렸습니다. 이렇게 되니 그 무서웠던 파도는 잔잔해졌습니다. 기어이 싫어했던 니느웨로 결국은 가게 되었습니다.

하나님을 떠나는 자의 종말은 결국 이렇게 되는 법입니다.

결론

자, 이런 예화를 보고도 예루살렘에서 여리고로 가야겠습니까?

사람의 눈은 속일 수 있지만 하나님의 눈은 속일 수 없습니다. 괴

롭다고, 부끄럽다고, 배가 고프다고 예루살렘을 떠나는 날에는 죽음이 오고 큰 풍파가 일어납니다.

　세상은 마치 바다와도 같습니다. 이 바다 위에 우리 사람들은 나뭇잎 같은 작은 배를 타고 어디로인가 향해갑니다.

　어떤 사람은 순풍에 돛을 단 것처럼 순탄하게 가는데, 어떤 사람들은 큰 풍랑을 만나서 좀처럼 앞으로 전진을 못하고 뒤로 퇴진을 하는 이도 많습니다.

　그것은 왜 그럴까요? 그 이유는 한 가지입니다.

　예루살렘을 떠나 있기 때문이라 하겠습니다. 어딜가나 하나님은 우리를 살피고 계십니다. 그렇기 때문에 우리의 뜻대로 살지 말고 하나님의 뜻대로 복종해야 합니다.

　하나님을 떠난다는 일은 매우 어리석고 위험 천만한 일입니다. 하나님을 떠나서, 예루살렘을 떠나서 잘된 사람이 한 사람도 없습니다. 하나님 앞에서는 무조건 절대 복종해야 합니다.

20
이름이 하늘 나라에 기록되는 것

【말씀】 "귀신들이 너희에게 항복하는 것으로 기뻐하지 말고 너희 이름이 하늘에 기록된 것으로 기뻐하라"(눅 10:20)

교화

예수님은 제자들을 불러 명령하셨습니다.

"각 촌에 다니며 복음을 전하라. 그래서 많은 사람을 구원하라."

제자들은 예수님의 명령대로 각 촌에 다니면서 열심히 전도하였습니다. 그리고 때가 되어 돌아와 예수님께 이야기합니다.

"우리가 복음도 많이 전도했고, 또 많은 병자와 귀신 들린 사람을 고쳐서 그들이 기뻐했고 우리도 무척 기뻤습니다."

예수님은 이 이야기를 듣고 가만히 눈을 감았다가 다시 뜨시면서 이렇게 말씀하셨습니다.

"너희들 들으라. 병자가 고침을 받고 귀신이 떠나갔다고 기뻐하느냐? 사람들의 제일 기뻐하는 것은 너희들의 이름이 하늘 나라 생명책에 기록되는 것이다."

우리 사람들이 기쁨으로 살 곳은 천국입니다. 현재 우리가 사는 이 세상은 잠시 머무는 곳입니다. 베드로 사도는 말씀하셨습니다.

"나그네와 행인같은 사람들"(벧전 2:11)이라고. 그러니까 우리가 마땅히 살 곳은 저 하늘 나라입니다. 즉 천국입니다.

이 세상은 잠깐 들러서 쉬는 곳입니다. 세상에서는 누구나 죽습니다. 그래서 죽는 것을 사람의 최후로 여기지만 그게 아닙니다. 우리가 죽는 그 찰나에 그 영혼이 두 갈래로 가는데, 한 길은 천국이요, 한 길은 지옥입니다. 예수를 믿는 자는 천국 가서 영원히 살게 되고, 예수를 모르는 사람은 지옥에 갑니다.

천국은 우리들이 마땅히 살 곳입니다. 그런데 천국에 누가 가느냐가 문제입니다. 이것은 반드시 하늘 나라 생명책에 그 이름이 기록되어 있는 사람에 한해서 가게 됩니다.

지옥도 오래 사는 곳입니다. 거기서는 천년간 살게 된다고 말씀하셨습니다. 천국도 영원합니다. 그러니까 하늘 나라 생명책에 우리의 이름이 기록되어 있다는 것이 얼마나 큰 행복이요, 영광스러운 일인지 모릅니다.

그러면 누가 하늘 나라 생명책에 기록이 될까요? 그것은 두 가지의 준비를 한 사람입니다.

① 하나님은 세상의 창조자요, 주관자요 생명을 주신 아버지로 믿는 사람입니다.

② 그의 아들 예수를 믿으므로 죄 용서를 받고 그의 교훈을 지켜 세상에서 믿음으로 사는 사람입니다.

요한복음 1:12에 '예수를 영접하는 자는 하나님의 자녀가 된다'고 하셨습니다. 하나님의 자녀가 되면 하늘 나라 생명책에 우리의 이름이 기록됩니다.

학교에 입학한 학생은 그 학교의 학적부에 기록이 됩니다. 그러므로 우리들은 하늘 나라 생명책에 등록이 되도록 노력을 해야 합니다.

사람들은 이걸 모르고 돈을 많이 모으려고, 공부 많이 하려고, 권세를 많이 가지려고, 세상 영광을 높이 얻으려고 혈안이 되어 야단들입니다.

그러나 하늘 나라 생명책에 기록이 안 되었다면 그들은 세상에서 사는 것, 그것이 마지막이 되고 마는 것입니다.

영국의 포크란이란 식물학자가 세계에서 제일 아름답고 향기롭고 또 오래 필 수 있다는 꽃씨를 발견하였습니다.

포크란 박사는 매우 기뻐하였습니다. 좋은 땅에다 잘 일구고 정성 들여서 심었습니다.

기도하는 마음으로 하루, 이틀 기다립니다. 일주일이 되면서 싹이 나옵니다. 점점 자라서 꽃망울이 지고 꽃이 피려는 때에 아침에 나가 보니 줄기가 부러져 있습니다. 아마 지난밤 폭풍이 불더니 불행히도 그 바람에 부러졌나 봅니다.

포크란 박사는 절망이 되어 침대에 누워 눈을 감고 한탄만 하고 있습니다.

이제 포크란 박사는 꽃의 사명을 이렇게 말합니다.
① 활짝 피어 사람들의 마음을 기쁘게 하는 것.
② 꽃 속에서 향기를 토하여 사람들의 가슴에 만족을 안겨 주는 것.
③ 꽃 속에 꽃씨를 만들어 내일의 아름다움을 연속하는 것.

이 몇 가지의 큰 뜻을 이루지 못해서 애석하구나. 참 꽃의 생명은 이것인데 그 사명을 못하고 꺾이었으니 참으로 불쌍하다고 마음 아파하였습니다.

우리 사람들의 사명은 이 세상이 아닙니다. 이 세상은 지나가는 정거장이요, 임시 휴게소입니다.

우리 사람들이 마땅히 가져야 할 복은 죽어서 영원히 얻는 영원 천국이요, 천국에의 기쁨이요, 또한 사랑입니다.

하늘 나라 생명책에 우리의 이름이 기록되기 위해서는 모름지기 예수님의 교훈을 잘 듣고 배워야 합니다. 기록이 된 이후에는 담대하여 예수님 중심으로 살게 됩니다.

오늘날 세상 사람들의 생활 양상을 살펴 보면 몇 가지로 나누어집니다.

① 마음이 약해서 믿음이 흔들리는 사람.
② 죄악의 유혹을 받아 예수님의 품을 떠나 다시 범죄하는 사람.
③ 어떤 난관과 시련이 오더라도 절대 흔들리지 않는 모범된 사람.
④ 목숨을 잃더라도 끝까지 예수님과 함께 복종, 희생하는 사람.

이중에 ③④에 속하는 사람은 그 이름이 하늘 나라 생명책에 기록되어 있는 사람입니다. 이 사람이야말로 이 세상을 사랑하는 사람이요, 나라를, 가정을 진심으로 사랑하는 사람이라 할 수 있습니다.

강국이라 하면 무기가 많고, 병력이 탄탄합니다. 돈만 많은 것이 아니라 참 위대한 신앙을 가진 사람이 많이 모인 나라입니다.

하나님은 말씀하셨습니다.

"전쟁에 승전은 병력에 있지 않고 하나님의 능력과 사랑에 있느니라."

모세가 아말렉과 전쟁할 때에 산 꼭대기에 올라가서 열심히 기도할 때에 하나님이 도우셔서서 승전하였고, 또 기도를 안하고 두 손이 아래로 측 늘어졌을 때에 패전하였습니다.

예화

하나님은 아브라함이 기도하는데 찾아가서 부르셨습니다.

"예, 제가 여기 있나이다."

아브라함은 대답하였습니다.

"네 조카 롯이 사는 도시를 내가 멸망을 시키려 한다."

하나님은 말씀하셨습니다.

"하나님 제 부탁을 들으소서. 그 도시에 의인 50명이 있으면 용서해 주시겠습니까?"

아브라함은 떨리는 음성으로 간곡히 애원하였습니다.

"그렇다. 의인이 50명만 있다면 내가 용서하리라."

하나님은 말씀하셨습니다.

아브라함은 다시 애원합니다.

"하나님이시여, 의인 45명만 있다면 용서해 주시겠습니까?"

"그렇다. 의인 45명만 있어도 내가 용서하리라."

"아버지 노하지 마소서. 의인 40명만 있다면 용서해 주시겠습니까?"

"그렇다. 40명만 있어도 용서하리라."

"하나님 노하지 마소서. 30명만 있으면, 20명만 있으면, 10명만 있으면 용서해 주시겠습니까?" 아브라함은 애원했지만 의인 10명이 없어서 하나님은 그 도성을 용서하지 않고 유황불을 내려서 멸망시켰습니다.

롯의 세 식구만 겨우 구원받았습니다. 롯과 딸 둘입니다. 아내는 그 도성을 피해 나오던 중 미련을 버리지 못해 뒤돌아보다가 그만 소금 기둥이 되고 말았습니다.

그 도성은 소돔과 고모라입니다. 처음에는 에덴동산 같고 기름지고 평화롭고 기쁨이 넘치는 곳이었지만, 차차 죄인들이 많아 더러운 도시가 되어 버렸습니다.

의인 열 명만 있으면 그들을 보고 용서하시겠다고 했으나 의인이 열 명도 없었습니다.

의인은 누구입니까? 하늘 나라 생명책에 이름이 기록이 되어 있는 사람입니다.

결론

세상에서 살아가는 중에 기쁨도 많고 슬픔도 많습니다. 기쁨 중에 제일 큰 기쁨은 다른 것이 아닙니다. 우리의 이름이 하늘 나라 생명책에 기록되는 일입니다. 또 슬픔 중에 제일 큰 슬픔은 하늘 나라 생명책에 기록이 되지 않는 것입니다.

그러므로 우리는 하룻 동안 세상에서 살다가 저녁이 되어 자기 전

에 꼭 한 가지 회개할 것은,

　'오늘 한 날 사는 동안에 혹시나 우리의 이름이 하늘 나라 생명책에 기록이 될 만한 일을 행하였는지 그렇지 않은지 살펴보고 회개해야 한다'는 것입니다.

21
약대와 바늘 구멍

"약대가 바늘귀로 들어가는 것이 부자가 하나님의 나라에 들어가는 것보다 쉬우니라"(마 19:24)

 교화

예수님은 말씀하셨습니다.
"부자는 천국에 들어갈 수 없다. 약대가 바늘귀로 들어가기보다 더 어렵다."
그러므로 부자는 결단코 천국에 못 들어간다는 뜻입니다.
매우 궁금한 일입니다. 어째서 그럴 수 있을까요? 누구나 부자가 되기를 원하고 있고, 일반적으로 부자는 행복한 사람으로 알고 있으며, 또 부자는 과거에 선조들이 착하게 살았기에 그런 부의 축복을 자손에서 내려 준 줄 알고 있는데 '부자는 천국에 못 들어간다' 고 하셨으니 정말 여기서 깊이 생각할 여지가 있습니다.
먼저 본문에 부자라고 한 사람은, 돈은 가졌지만 선한 봉사를 하지 않는 자를 가리키는 말입니다. 많은 사람한테 좋은 소리를 못 듣는 욕심쟁이 부자를 가리키는 것입니다. 항상 자기나 또 자기 자녀들을 위해 쓰기만 하고, 남의 어려움을 무관하게 여기는 무감각한 부자를 가리켜 한 말입니다.
이러한 부자는 천국에 못 들어갑니다. 그대신 지옥에 갈 것입니다.

오늘날 이 세상에 이런 지옥갈 부자들이 너무도 많습니다.

그럼 천국은 어떤 곳입니까? 천국은 하나님 말씀대로 착하게 사는 가정이 곧 천국입니다. 또 하나의 천국은 우리의 육체가 죽으면 우리 속에 거하는 영혼이 예수님이 준비하신 저 하늘 어느 곳에 있는 영생의 나라를 말합니다.

사람은 이 세상에서 살다가 반드시 죽게 됩니다. 죽는 순간 예수님의 말씀 따라 산 사람은 천국 가고, 그렇지 않은 사람은 지옥에 갑니다.

그러니까 부자되려고 애를 써도 안 되고 박사 되려고 애를 써도 안 되고, 권세자가 되려고 애를 써도 안 됩니다. 그보다 먼저 예수를 잘 믿는 신자가 되어야 합니다.

그러면 부자도 되게 하고, 박사도 권세자도 되게 하십니다.

성경에 "돈은 만악의 근본이라"(딤전 6:10)고 하나님은 말씀하셨습니다. 돈 자체가 만악이 되는 것은 아닙니다. 돈 자체는 매우 좋습니다. 그러나 돈을 사용하는 마음이 좋아야 돈을 귀하게 사용할 수 있습니다.

독일에 분트(Wundt)란 분이 있었습니다. 그는 기계를 연구하는 사람입니다. 그 기계는 태양 빛 속에서 사람이 필요한 영양소를 분석해 내는 일을 합니다.

그는 이 기계를 연구해서 큰 부자가 되었습니다. 그는 이렇게 말하였습니다. "기계로 내 이름이 온 세계에 날렸는데 돈으로 온 세계에 날린 내 이름이 더럽혀질까 두려워 수입이 10분의 5는 하나님께 바치고, 10분의 4는 사회 사업에 투자하고, 10분의 1은 나의 생활비로 쓰겠습니다."

참으로 위대한 사람입니다.

"부자는 천국에 못 들어간다"가 아니라, "부자는 천국의 일등석에 올라간다"라고 할 수 있습니다. 그렇지만 사실에 있어서 그런 사람이 몇이나 될까 문제입니다. 그러니까 예수님께서 하신 말씀은 "귀한 돈을 많이 이 사회에 바치라"는 뜻입니다.

사람은 습관이 쉽게 됩니다. 그렇기 때문에 항상 조심해서 좋은데 습관을 들여야 합니다.

자녀에게 신경질을 부려 가정을 불안하게 만드는 이가 있습니다. 그것이 습관이 되어서 한 달에 여러 번 가정을 불안하게 만드는 이가 있습니다.

어떤 이는 매우 가난한데 매일 술을 먹습니다. 술이 습관이 되어 나중에 패가 망신하게 됩니다.

어떤 이는 도박에 습관을 들여서 역시 가정이 망하고 아이들도 불행하게 됩니다.

그런데 어떤 이는 고아로 고아원에서 초등학교, 중학교, 고등학교를 다녔습니다. 공부를 열심히 하여 장학금을 받고 연세대 의과를 졸업한 후 독지가의 특별한 배려로 의대를 무난히 마치고 서울 연세대 부속병원에서 기술을 닦아 훌륭한 산부인과 의사가 됐습니다. 나중에 큰 병원을 설립하여 원장이 되었습니다.

그가 평소에 고아로 자라서, 고아들에게 특별 장학금을 주기로 하고 일년에 50여명의 학생을 가르치는 위대한 고아들의 아버지가 되었습니다. 그가 70세가 되던 해에 국가에서 표창을 받기도 했습니다. 국무총리가 만찬회에서 물었습니다.

"어떻게 그렇게 많은 학생들을 가르치고 있습니까? 매우 힘이 들겠습니다."

그는 대답했습니다.

"습관이 되어서 어려운지 모릅니다. 나의 큰 재미로 여깁니다."

원장의 자녀는 모두 6남매입니다. 모두 부모에게 효도하는데, 딸 셋은 출가했고, 두 명이 대학교 교수로, 막내 아들은 아버지 뒤를 이어 산부인과 의사가 되었습니다. 즉 아버지의 대를 이어 가문을 빛내고 있습니다.

　성경에 말씀하셨습니다.

　"부모는 남을 돕고 그의 자녀들은 부모의 덕택으로 좋은 상급을 받는다."

　그러니까 예수님이 말씀하신 "부자는 천국에 못 들어간다. 악대가 바늘귀가 빠져 나가는 것보다 어렵다"는 말이 앞으로 없어져야 되겠습니다.

22 산을 옮기우는 능력

"내가 진실로 너희에게 이르노니 누구든지 이 산더러 들리어 바다에 던지우리라 하며 그 말하는 것이 이룰 줄 믿고 마음에 의심치 아니하면 그대로 되리라"(막 11:23)

 교화

누가 큰 산을 단 1cm인들 옮길 수 있겠습니까? 세상에 그럴 사람은 한 사람도 없습니다. 오늘까지 창세 이후로 그런 사람은 한 사람도 없었습니다. 그런데 예수님은 "믿고 의심치 않으면 그렇게 된다"고 하셨습니다.

미국의 유명한 목사 가리어트는 산에 들어가 20일을 금식기도 한 후 산에서 내려오면서 그 말씀을 시험해 보았다는 것입니다.

산 밑에서 산에서부터 한 10m쯤 떨어져 섰습니다. 그리고 두 손을 모아 기도드린 후 산을 정면으로 바라보며 명령하였습니다.

"산아 둥둥 떠서 저 바다에 떨어져라!"

그리고 눈을 감고 기도를 드렸습니다.

"하나님이여 저 산이 둥둥 떠서 바다에 떨어져라고 기도하였습니다. 그대로 이루어주소서. 아멘."

그리고 눈을 떠 보았으나 큰 산은 그대로 눈 앞에 서 있었습니다. 가리어트 목사는 고개를 갸우뚱하며 이상히 생각했습니다.

'산이라도 바다로 옮길 수 있다고 예수님은 말씀하셨는데, 왜 그

대로 안 이루어질까?'

가리어트 목사는 실망을 하며 집으로 돌아왔습니다. 그런데 그 일이 있은지 일주일 후 새벽에 하나님은 그에게 해답을 주셨는데,

"어려운 것이라도, 즉 사람이 할 수 없는 것이지만 하나님이 역사하시면 못할 것이 없다"라는 것이었습니다.

우리가 살고 있는 세상에서 일상 사람들이 해야 하고 바로 지켜야 할 생활 양상이 급격하게 변해서 사람들에게 낙심과 고통과 실망을 주는 일에 하나님이 역사하시면 된다는 것을 말해 주는 것입니다.

예를 들면 김서방이 사업을 하려고 몇 천만원 투자했는데 뜻밖에 화재로 인해서 상품과 기계와 공장이 전소되었습니다.

김서방은 큰 시험을 만났습니다. 사람의 생각과 김서방의 능력으로는 도저히 해결할 길이 없어 막연 절망입니다. 날마다 빚쟁이들은 독촉을 합니다. 김서방은 자살하려고 결심을 했습니다. 이것이야말로 산같은 고통이요, 어려움입니다.

'이 산이라도 기도하면 저 바다로 둥둥 떠서 옮겨가게 합니다.'

그것은 기도의 힘이요, 예수님의 힘입니다.

김서방은 그날 밤 한강 철교로 갔습니다. 때는 12시가 넘고 한 시가 가까와 오는 때입니다. 김서방은 한강 철교에 도착하여 달빛에 찰랑거리는 강물을 내려다 봅니다. 처량한 신세입니다. 저 깊은 물 속에 뛰어들 작정으로 눈을 스르르 감습니다. 그런데 머리에 떠오르는 모습이 있습니다.

일요일이 되면 성경책을 들고 "교회에 다녀오겠습니다"하고 인사하고 나가던 일남 삼녀 중에 독자 경철이 얼굴이 떠올랐습니다. 그러자 김서방은 울음이 터져 나왔습니다.

"내가 왜 우리 경철이를 두고, 아니 우리 아이들을 두고 자살을 해야 할까?"

혼자 소리를 내어 가슴을 치면서 울었습니다. 그때였습니다. 한

순경이 철교를 순찰하다가 울음 소리를 듣고 달려와서 그 사람을 보고 얼른 손을 붙잡았습니다. 그리고 물었습니다.
"이 새벽에 무슨 일이 있어 이 철교에서 통곡을 합니까?"
김서방은 사실대로 대답하였습니다.
"남의 빚을 많이 졌는데 갚을 길이 없어 투신 자살을 하려고 마지막 눈을 감았는데 아들 경철이의 얼굴이 눈에 나타났습니다."
"그럼, 나를 따라오세요."
순경은 그 사람의 손목을 꼭 붙들고 파출소에 왔습니다. 거기서 그의 신변을 다 조사한 후에 조금 기다렸다가 새벽 4시에 교회에서 새벽종이 울려올 때에 그 교회의 목사님을 찾아가 김서방을 맡겼습니다.
일장 내용을 목사님께 말씀드리자, 목사님은 기도를 드렸습니다. 예배를 마친 후에 목사님댁에서 쉬게 한 후, 곧 김서방 댁으로 전화를 걸어 알려 주었습니다.
목사님은 좋은 말씀으로 김서방을 위로해 주었습니다. 김서방은 눈물을 흘리며 회개를 한 후, 다시 살아보겠다는 결심을 하였습니다.
"안심하세요. 죽지 않고도 예수 잘 믿고 더 큰 사업을 할 수 있게 될 터이니 내 말에 귀를 기울여 열심히 예수만 믿으세요. 분명 좋은 해답이 나올 겁니다."
목사님은 그를 집으로 데려다 주려고 나서는데, 온 가족이 목사님 댁으로 찾아왔습니다. 여러 말씀으로 가족에게도 일러 주었습니다. 그날부터 그 가족 전체는 독실한 신자가 되어 예수를 믿고 따르게 되었습니다.
이 일이 있은지 한 달 만에 김서방은 좋은 고무 회사에 취직이 되었습니다. 그리고 부인도 김장로님댁 파출부로 취직이 되었습니다.
목사님은 채권자들에게도 여러 가지로 참아 이 불쌍한 김서방을 살려 놓자고 애원하여 가정 풍파는 잔잔해졌습니다. 특별히 선교사이신 호걸이란 목사님이 많은 돈을 무이자로 꾸어 줘 빚도 다 갚았습니다.

문제가 있은지 3년 만에 완전히 회복이 되었고, 선교사님에게 받은 융자금은 버는 대로 갚기로 해서 조금도 염려가 없는 기쁨의 가정이 되었습니다.

김서방은 산같은 풍파가 일어나 자살할 길 밖에 없었는데, 예수님을 믿으므로 그 산같은 풍파가 다 저 바다로 옮기어졌습니다.

사람으로서는 할 수 없으나 하나님께 기도하면 이렇듯 그 산을 옮겨 주시는 것입니다.

23
부자 청년은 슬픈 기분으로 가니라

"그 사람은 재물이 많은 고로 이 말씀을 인하여 슬픈 기색을 띠고 근심하며 가니라"(막 10:22)

교화

어느날 전도를 마치고 쉬고 있는 밤에 어떤 청년이 예수님을 찾아 왔습니다.

"선생님, 죄송하오나 하나 묻겠습니다."

청년은 말을 꺼냈습니다.

"예, 물으시오."

예수님은 웃으시며 환영했습니다.

"어떻게 해야 사람이 영생할 수 있겠습니까?"

"영생? 참 귀하고 어려운 문제를 묻습니다. 그런데 영생하려면 먼저 계명을 지켜야 합니다. 즉 마음이 착해야 합니다."

"예, 계명은 다 지켰습니다."

"참 훌륭한 청년이군요. 그런데 또 있습니다. 마음이 착하면 그 다음엔 마음 착한 대로 실천을 해야 합니다."

"예, 알겠습니다. 그러면 어떤 것을 행해야 합니까?"

"당신 재산을 팔아서 가난한 사람을 구제하고 불행하다고 보이는 사람을 늘 내 몸과 같이 살펴봐야 합니다."

청년은 이 소리를 듣자 고개를 푹 숙여졌습니다. 그 문제에 그 청년의 양심은 가책이 되었습니다.

"알아들었습니까?"

예수님은 그 청년의 얼굴을 바라봅니다.

이 청년은 돈이 많은 청년이었지만 인색합니다. 항상 남에게 돈자랑, 집 자랑, 인물 자랑을 해 왔지만, 남의 사정을 알아 도와준 일이 없는 사람입니다. 그래서 예수님의 말씀을 듣고는 어떻게 할 길이 없어 마음이 답답해졌습니다.

이윽고 머리를 들고, "잘 알았습니다. 다음에 찾아 뵙겠습니다." 인사를 한 후 문을 열고 나갔습니다.

그 청년 마음엔 슬픔이 벅차 오릅니다. 과거의 인색했던 일과 또 인생의 생명은 유한하다는 것을 생각하고 좁은 마음에 절망적인 감정이 떠올라서 슬펐습니다.

이 부자 청년은 몇 가지 잘못된 점을 안고 있습니다.

① 교만한 마음 ② 인색한 마음 ③ 명예욕 등이라 하겠습니다.

세상에서 돈으로 만족을 얻어 보려고 했지만 자기 뜻대로 안 되었습니다. 오늘까지 살아온 목적은 자기 욕망을 채우는 일 뿐이었습니다. 그런데, 그것이 뜻대로 안 되고 더욱 불안과 슬픔과 절망과 죽음에 대한 공포가 주야로 자기를 압박하고 있었습니다.

이것을 해결해 보려고 예수님을 찾아 갔는데, 예수님의 대답은 자기가 제일 사랑하는 많은 재물을 버리라는 것이니 마음은 더욱 슬퍼질 수밖에 없습니다.

그러니까 사람은 세상 죄 때문에 모두 양심이 썩어서 사람됨의 본분을 못하고 있습니다. 모두 예수님의 원수로서 삶을 영위하고 있습니다. 이제라도 우리가 참 기쁨을 얻으려면 '나와 내 욕심, 내 명예심, 내 삶'을 버려야 합니다.

그리고 예수님의 교훈과 그 진리를 내 속에 내 욕심 대신 그 말씀대로 살아가야 합니다.

"부자 청년은 슬퍼하며 나가니라" 한 것은 "내 돈은 쓸 수 없다"라는 데서 나오는 부작용입니다. "네 땅을 팔아서 구제하라 그래야 영생하리라!" 한 예수님 교훈에 "아멘. 그대로 복종하겠습니다"라고 해야 영생을 얻을 수가 있는 것입니다.

예수님은 그래서 우리에게 말씀하셨습니다.

"나를 믿고 행복하려면, 내 욕심을 죽이고 제 십자가를 지고 그리고 나를 따르라." "부자 청년이 돈이 많으므로 슬퍼하며 나가니라" 했는데 이런 난처한 처지에서 살 길은 예수님 교훈에 "아멘. 복종합니다"하고 당장 그대로 복종해야 되는 것입니다.

사람의 생명은 유한합니다. 또 그 삶의 시간도 불규칙합니다. 갑은 50세 살고, 을은 100세 살고, 병은 20세 살고, 정은 10세 삽니다. 이 삶의 기간을 아무도 예지 못합니다. 그렇기 때문에 내가 철이 들어갈 만한 때에 정신차려 결심하고 1초를 보람있게 매듭을 지어 놓아야 합니다. 즉 영생의 착실한 준비를 해야 한다는 것입니다.

영생이 생에 있어 최고의 영광입니다. 또 최고의 생의 면류관입니다. 이 영생을 얻는 과정은 이 세상이 아닙니다. 우리의 세상 생명이 끊어지고 저 새로운 천국으로 우리의 영혼이 가서 받는 하나님의 선물입니다. 보통 사람은 세상이 최후라고 알고 있습니다. 사람의 일생은 현세만이 아닙니다. 내세까지 모두 합쳐서 일생입니다. 현세에서 죽어 없어진다면 그것은 인생 실패자라 할 수 있습니다. 그러나 우리는 예수를 믿습니다.

불신자는 그 생명이 현세에서 그칩니다. 그런데 예수를 믿는 사람은 이 현세에서 호흡이 끊어질 때에 그 영이 하늘 천국으로 천사의 호위를 받아 올라갑니다. 천국에서 영생을 누립니다. 이 진리를 우리는 예수를 믿으므로 확신하고 사는 것입니다.

청년은 재물이 많고 욕심이 많으므로 그 재물을 쓸 생각이 없어 슬퍼했습니다. 욕심 때문에 지옥에 갈 수 밖에 없습니다. 그렇지만 이제라도 늦지 않습니다. 예수님의 말씀대로 팔아서 가난한 사람들을 구제한다면 천국에 들어가 영생할 수 있습니다.

돈은 쌓아 두면 녹이 쓸고 또 그 사람을 지옥가게 하는 지옥의 천사입니다. 그러나 돈을 쓰면 변해서 천국의 길이 환히 열리게 됩니다.

24
오늘밤 네 생명을 찾아가면

【말씀】"하나님은 이르시되 어리석은 자여 오늘 밤에 네 영혼을 도로 찾으리니 그러면 네 예비한 것이 뉘 것이 되겠느냐"(눅 12:20)

 교화

예수님께서 어느날 재미있는 말씀을 무리들에게 들려 주셨습니다.

어떤 동네에 큰 부자가 살고 있었습니다. 이 부자가 밤에 잠이 안 와서 생각을 합니다.

우리 집에 돈이 많으니 어떻게 할고? 그렇지! 집을 넓게 높게 짓고, 마당엔 연못을 파고, 거기에 배를 띄운다. 연못 둘레로 각색 화초를 심는다. 그리고 마음대로 즐겁게 산다. 남이야 어떻든 알바 없다. 나의 기쁨, 나의 만족, 나의 힘으로 오래오래 살아 보자. 온통 혼자 만족을 얻으려고 이렇게 계획을 세웠습니다.

하나님은 이 부자의 욕심있는 계획을 아시고 심히 분개하였습니다. 그래서 하나님은 이 부자에게 경고하셨습니다.

"이 미련한 녀석아 너는 너만 알고 다른 사람의 사정은 손톱만큼도 모르는구나. 좋다. 나는 오늘밤에 네 생명을 도로 찾아갈테다! 알았느냐? 그렇게 되면 네가 저축한 재물은 뉘의 것이 되겠느냐?"

여러분, 이런 말씀을 어디서 들었습니까? 이 말씀 중에는 몇 가지의 보화같은 진리가 담겨 있습니다.

① 하나님을 모르는 사람은 자기 욕심이 하나님이 됨.
② 마음이 한가할 때에 죄는 더 큰 죄를 만들어 냄.
③ 사람의 생명은 하나님 마음에 달려 있음.

욕심도 하나님께서 주신 것입니다. 하나님께서 주신 욕심은 "많이 모아 쓰라"는 데서 주신 것입니다. 이것이 하나님의 돈에 대한 가치관입니다. 이 가치관에 따라 살 때 참 행복을 얻을 수 있습니다. 그렇지 않고 모아만 두면 돈 때문에 큰 벌을 받게 됩니다.

야고보는 말합니다.

"부자들아 슬피 울고 통곡할 때가 가까왔느니라."

왜 세상이 그럴까요? 그 이유는 예수님 말씀대로 순종을 하지 않기 때문에 그렇습니다.

추운 겨울날에도 해가 따스히 비치는 곳에는 예쁜 꽃이 만발합니다. 이와 같이 하나님의 사랑의 빛이, 웃음의 평화의 꽃이 만발합니다. 그럼 어떤 사람, 어떤 가정에 하나님의 행복의 태양빛이 비춰줄까요?

예수님의 말씀대로 다른 사람을 위해서 크게 손을 펴서 주는 그 마음에 행복의 태양빛이 찾아 오게 마련입니다. 이런 얘기는 우리가 흔히 듣지만, 그 다음 우리가 유의해야 할 일이 있어요.

"죄인은 한가할 때에 큰 죄를 범하게 된다"는 것입니다.

부자 죄인은 한가할 때에 마음의 큰 죄를 범하였습니다. 모든 범행은 마음에서부터 되어지는 것입니다. 예를 들면 마음은 전쟁 때의 작전 참모와 같습니다. 그리고 행동은 작전 계획을 참모로부터 명령 받아 말단에서 복종하는 졸병과 같습니다.

사람의 모든 행위는 마음 먹은 대로 발표되는 결과입니다. 그러니까 행위보다 마음이 제일 귀합니다. 그래서 예수님은 말씀하셨습니다. "사람의 행위는 마음에 쌓여 있는 것이 밖으로 쏟아져 나오는 열매니라."

그래서 좋은 나무에서 좋은 열매가 열리고 악한 나무에서 악한 열매가 열립니다.

부자는 누워 잠들기 전 한가한 틈에, 나만 생각하는 큰 욕심의 작전을 세웠습니다. 이 부자의 계획은 내일이면 그대로 밖으로 열매처럼 나타나게 됩니다. 그래서 하나님은 이 부자의 악한 마음을 막으려고 "미련한 놈아 오늘밤 네 생명을 내가 도로 찾으리라"고 말씀하셨습니다.

우리 사람들은 생명을 부모가 준 것으로 또는 주관하는 것으로 생각하고 있는데, 크게 오해입니다.

하나님이 주셨습니다. 사도행전 17:25에 "하나님이 우리에게 생명과 호흡까지 주관하신다"고 교훈하십니다.

구약에 욥은 말씀하십니다.

"내가 모태에서 나올 때에 재물 자녀 생명을 모두 하나님으로부터 받았는데 이제 와서 다 가져갈지라도 감사할 뿐이다!"

매우 정직한 마음씨고 올바른 마음입니다. 이런 마음을 가져야 바른 신앙을 가질 수 있는 것입니다.

① 하나님은 우리의 아버지, ② 하나님을 섬김에 마음, 힘, 정성을 다해 섬겨야 복을 받는다고 예수님은 가르쳤습니다. 참된 진리입니다.

"이것이 제일 귀중한 법이라" 하였습니다. 그렇습니다.

우리 생명의 아버지 하나님을 당연히 섬겨야 합니다. 안 섬기면 큰 죄인이요, 큰 벌을 받게 됩니다.

그런데 오늘 우리 한국에서 보면 이러한 하나님 아버지를 어떤 상점의 상품처럼 천시하는 경향이 많습니다.

① 믿는 사람은 어떤 이해 관계에서 좋은 일이니까 믿는다.

② 예수의 학문이 좋으니 그것을 배우려고 믿는다.

③ 마음의 수양이요, 위로가 되니 믿는다.

④ 많은 사람이 있으니 친목으로 믿는다.

⑤ 우리 부모가 믿으니, 친구가 권하니 믿는다는 식으로 믿음의 동기를 말하고 있습니다.

그렇다면 우리 한국 사람들은 너무도 무식하고, 도덕적으로 사람 이하의 짐승 같은 무지한 관념의 동물이라 아니할 수 없습니다. 결코 그럴 수 없습니다.

우리 생명의 아버지니 절대적으로 믿어야 합니다.

'믿는다' 란 뜻은 '원대에 다시 연접이 된다' 는 뜻입니다.

예수님은 비유로 말씀하셨습니다.

"나는 포도나무요, 너희는 가지니라 내게서 떨어지면 가지는 말라 버린다"(요 15:1).

사람들은 원대인 예수님께 원래 붙어 있었는데, 죄로 인해 떨어져 나갔습니다. 그래서 기쁨이 말라졌고, 소망이 말라졌고, 생명이 말렸고, 사랑이 말라졌습니다.

그런데 예수님께로 돌아와 다시 붙였습니다.

'다시 붙는다' 는 것이 오늘 믿는 사람들의 신앙입니다. 이것을 설명하려고 예수님은 '탕자의 비유' (눅 15:12)를 말씀해 주셨습니다.

탕자는 아버지를 떠나서 거지가 되었습니다. 그에게는 기쁨도 잃었고, 소망도 떠났고, 평안도 떠났고, 천국도 떠났고, 행복도 떠났고, 사랑도 떠났습니다. 그러나 부끄러움을 이기고 집으로 돌아왔습니다.

아버지는 기다렸다는듯 기쁨으로 거지 아들을 영접하였습니다. 이것이 믿음입니다. 탕자가 안 돌아왔더라면 죽었을 것입니다. 굶지 않으면 병들어 죽었을 것입니다. 그러나 돌아왔습니다.

그래서 요한복음 3:16에 "하나님이 세상을 이처럼 사랑하사 독생자를 주셨으니 누구든지 저를 믿으면 멸망치 않고 영생을 얻으리라"고 말씀하셨습니다.

믿음이 있으면 구원받고 영생 얻고, 믿음이 없으면 멸망합니다. 또 생명을 주신 하나님은 생명만 주신 것이 아닙니다.

우리에게 책임을 주셨습니다. 그것은,

① 하나님의 구원의 복음을 믿을 것.
② 구원의 복음을 전할 것.
③ 천국을 잃은 컴컴한 세상을 다시 천국 회복의 책임.
④ 죄 때문에 하나님의 자녀의 명분을 잃었는데 다시 회복할 것.

등의 무거운 책임을 주셨습니다. 이 책임을 완수해야 합니다.

그러니까 우리가 이 세상에서 배우고, 일하고, 땀흘리고, 눈물 흘리고 하는 모든 행위는 하나님으로부터 받은 무거운 책임을 완수하려는 하나의 수단이 되어야 합니다.

그래서 바울 사도는 하나님과의 관계를 "그리스도의 종 바울"이라고 말했습니다. 종은 주인에게 무조건 복종할 뿐입니다. 그러면서 아들이고, 딸입니다. 아들과 딸이란 말은 '하나님의 상속자'란 뜻입니다.

① 종이니 절대 복종이 있을 뿐이요,
② 자녀이니 많고 영광스러운 상속권이 있습니다.

구약에 하나님은 이런 말씀을 사울 왕에게 전해 주셨습니다.

"소와 양의 재물로 예배함보다 내 앞에는 절대 복종을 재물보다 귀하고 기쁘게 여긴다."

25
암탉이 병아리를 품듯이

【말씀】 "예루살렘아 예루살렘아 선지자들을 죽이고 네게 파송된 자들을 돌로 치는 자여 암탉이 제 새끼를 날개 아래 모음 같이 내가 너희의 자녀를 모으려 한 일이 몇 번이냐 그러나 너희가 원치 아니하였도다."(눅 13:34)

교화

예루살렘을 지시해서 말하는 것은 이스라엘 전체를 대표해서 말하는 것입니다. 이스라엘의 권세자들은 이스라엘을 위해서 일하는 대표자들입니다. 그런데 대표자들이 이스라엘을 멸망으로 이끌어가고 있습니다.

그 이유는 ① 구원자 예수를 모릅니다. ② 구세주 그리스도를 질투해서 죽이려 합니다. ③ 이스라엘과 그 권세자들은 병아리와 같이 약합니다. 이제 독수리가 날아 와서 채가려 합니다. 그렇지만 어디 피할 길이 전혀 없는 불행스럽고 나약한 이스라엘입니다. 그 집권자들입니다. ④ 기왕에 큰 범죄를 한 그들은 하나님 앞에서 꺼져 가는 등불입니다. 그래서 구원하려고 예수님은 애를 무척 쓰셨습니다. 되도록 멸망치 않으려고 여러 번 안전한 지대로 오라고 불렀습니다. 그렇지만 그들은 들은 척도 안 했습니다.

그 집권자들의 범죄한 큰 사건들을 보면 그 외식, 그 교만, 그 질투, 그 미움, 그 살인, 그 토색 그 밖에도 그들의 범죄는 너무도 엄청납니다.

그들의 범죄의 대가는 소돔과 고모라가 받은 유황불입니다. 그렇지만 그것을 참고 여러 번 생명의 떡을 던져 주었지만 이스라엘은 외면했습니다.

이제 그들의 등 위에는 하나님의 무서운 유황불이 가까왔습니다. 그래서 너무너무 불쌍해서 예수님은 슬피 우시며 마지막 권고의 경고를 했던 것입니다.

"예루살렘아 예루살렘아 암탉이 병아리를 날개 아래 모아 독수리의 칼같은 주둥이와 발톱에서 구원하려고 소리쳤지만 왜 듣지를 안하느냐? 이제 머지 않아 하나님의 참고 기다렸던 너희들의 죄의 값이 내려오겠구나!"

여기서 세 가지의 귀한 진리를 찾아 볼 수가 있습니다.

① 집권자들의 무지와 악심 때문에 예수님의 정체를 바로 보지 못함.

② 예수님의 사랑을 몸에 흡수하지 못함.

③ 죄인이지만 회개를 하면 용서를 해 주시어 어떻게든 구원해 주시려는 하나님의 관대한 사랑 등입니다.

오늘날 우리 한국에도 예수를 모르는 사람들이 많이 있습니다. 예수를 믿는 사람들이 불과 20% 밖에 안 됩니다. 그 이유는 어디 있을까요?

슈바이처 목사는 말씀했습니다.

"몸에 이상이 오면 미각이 변해서 입맛이 뚝 떨어집니다. 이와 같이 사람들이 정신의 심리에 이상이 오면 양심의 병이 들어 바른 소리, 귀한 교훈을 바로 해득하지 못합니다."

참 옳은 말입니다. 예수를 안 믿고 반대하고 멸시하는 사람들은 보나마나 마음의 양심에 병이 걸린 사람들일 것입니다.

그러니까 인류 학교를 택하기 전, 공부를 잘 하겠다는 공부의 버러지만 되지 말고, 제일 크고 좋은 직장만 탐내지 말고 먼저 마음의 눈이 맑아지는 말씀의 약을 먹도록 노력해야 합니다.

닭처럼 보석을 모르고 가치도 안 나가는 보리알 한 알에 신경쓰는 격이 되어서는 안 됩니다. 보석을 보석으로 바로 알도록 양심의 눈을 밝히도록 애를 써야 합니다.

바울 사도는 말했습니다.

"세상에 의인은 없나니 오직 한 사람도 없도다"(롬 3:10).

그러기 때문에 이 의인이 한 사람도 없는 캄캄의 세상을 비치려고 빛 되시는 예수님은 큰 등불을 들고 오셨습니다. 우리가 빛의 자녀가 되려면 하루 속히 예수를 영접해서 예수의 생명의 등불을 받아 들여야 합니다.

예수를 영접하는 방법은 두 가지가 있습니다. 무조건 예수 앞에 나올 것, 내 속의 죄를 회개할 것 등입니다. 그렇게 하면 내 속에 예수의 빛이 들어 옵니다. 즉 예수의 생명을 흡수할 수 있다는 것입니다.

예수님은 예수의 빛을 받아들이는데 방해꾼을 말씀해 주셨습니다.

마태복음 13:1-9의 말씀입니다.

① 마음이 길바닥처럼 단단한 고집쟁이 사람은 예수님의 빛을 받을 수 없다.
② 마음 속에 돌 같은 죄가 박혀 있는 사람은 빛을 받을 수 없다.
③ 마음에 가시밭처럼 세상 걱정과 욕심이 쌓여 있는 사람은 예수의 빛을 받을 수 없다.
④ 그렇지만 마음이 옥토같은 사람 즉, 죄악이 없는 사람은 예수의 빛을 잘 받아 많은 열매를 맺는다.

옥토로 마음을 만든다는 것은 "마음의 회개"를 말하는 것입니다.

하나님의 사랑을 우리는 감사히 받아들여서 하나님 앞으로 속히 나아와야 합니다.

어떤 이는 말합니다.

"나는 죄가 많아서 못 믿습니다."
"나는 불교를 믿어서 못 믿습니다."
"나는 돈이 없어서 못 믿습니다."
등등 여러 가지로 예수를 못 믿는 이유를 말합니다.
 그렇지만 알아야 할 것이 있습니다.
 하나님은 어떻게 하여서라도 우리를 죄악의 세상에서 구원하려고 노력하십니다. 그래서 어떤 살인 강도의 큰 죄가 있을지라도 오기만 하면 기뻐하십니다. 그리고 회개할 때 그 순간에 모두 용서하십니다.
 골고다 산상에 두 사람의 강도가 예수와 함께 십자가에 못 박혀 있었습니다. 그 중 한 강도는 예수님을 간절한 마음으로 쳐다보면서,
 "예수여, 당신이 하늘 나라에 올라가실 때에 이 죄인도 기억해 주소서!"
 이 소리에 예수님은 얼른 대답해 주셨습니다.
 "오늘 너는 나와 함께 천국에 가게 된다. 안심하여라!"
 하나님의 관대하심을 우리는 의심하지 말고 믿어야 합니다.
 우리는 말씀에 겸손합시다. 교만한 머리를 숙여 속히 꺾어 버립시다. 교만은 나를 망하게 합니다. 겸손은 나를 살리고 높여 줍니다.
 오늘도 하나님은 어떻게 해야 저 죄인들을 멸망치 않고 영생에 들어가게 할까? 걱정하시며 암탉이 병아리를 날개 아래 품듯이 애원하며 품안에 오라 부르고 있습니다.
 우리 사람들의 지혜를 어떻게 하나님에게 비교할 수 있을까요? 하나님에게 비교하면 "아무 것도 아니요. 절 추에 붙은 먼지 한 알과 같다"고 하나님은 말씀하셨습니다. 그러니까 사람의 지혜가 있다면 그것은 "말씀 복종"이 있을 뿐입니다.
 그러나 구원에는 기회가 있습니다. 하나님의 관대하신 사랑에도 기회가 있습니다. 즉 '한도가 있다' 는 것입니다.
 노아 때에 하나님은 가슴을 넓히고 "오라! 오라! 방주로 오라.

아무나 오라. 이제 얼마 안 있으면 홍수가 나서 너희가 모두 몰살한다."

이렇게 외쳤습니다. 120년 간을 외쳤습니다. 이윽고 문을 닫을 때가 되었습니다. 배 문을 꼭 잠갔습니다. 배 속에 들어간 사람은 불과 8인이었습니다. 그것도 노아의 가족이었습니다. 그밖에는 하나님의 사랑의 음성에 모두 반기를 들었습니다. 배 문이 닫히자 비가 내리기 시작합니다. 계속해서 내려 동네가 침수될 지경입니다. 그때서야 사람들은 집에서 모두 나와 산에 올라가 소리칩니다.

"배 문을 열어 주세요. 사랑의 하나님! 우리를 불쌍히 여기소서. 하나님, 우리의 과거의 교만을 회개합니다. 우리의 죄를 회개합니다. 용서해 주세요!"

하나님은 한 마디 말씀 없으십니다. 관대하신 하나님의 사랑의 문도 이미 닫혔습니다. 굳게 닫혔습니다. 비가 많이 내려 홍수가 되었습니다. 동네 집들이 모두 침수되었습니다. 밭도 논도 모두 침수되었습니다. 작은 언덕, 큰 언덕 모두 침수되었습니다. 이제 제일 높은 산 아래 산정에 까지 물이 넘쳐 아라랏 산정에 지은 하나님의 배는 두둥실 뜨기 시작하였습니다.

그 산 밑에서 두 손을 높이 쳐 들고 "사랑의 하나님 살려 주소서. 회개합니다. 물이 점점 불어서 우리의 집들이 덮였습니다. 한 번만 용서하시고 배 문을 열어 주세요."

애원하던 그들의 그림자는 온데 간데 없이 사라지고 말았습니다.

넓은 사랑의 왕 하나님의 마음은 꽉 닫히고 말았습니다. 관대하신 하나님의 사랑도 기회가 있습니다. 유한하신 사랑이십니다.

무지 목매한 사람들이여! 때가 되기 전에 돌아갑시다. 주 앞으로 암탉의 날개 아래로 숙여 들어 오세요.

26
내 아버지 집에는 양식이 풍부한데

【말씀】 "이에 스스로 돌이켜 가로되 내 아버지에게는 양식이 풍족한 품꾼이 얼마나 많은고 나는 여기서 주려 죽는구나"(눅 15:17)

🐴 교화

어떤 부자집에 두 아들이 있어 부모를 잘 돕고 살았습니다. 그 중 막내가 무슨 소리를 들었는지 마음이 변해서 부모를 떠나 살기로 결심하였습니다.

"아버지, 내가 부모를 떠나 장사를 해서 돈을 많이 모아 내 생각대로 멋있게 살아 보렵니다. 돈 좀 주세요!"

막내는 이렇게 아버지께 애원했습니다.

"경험도 없는 네가 집을 나가면 고생이니 잘 생각하고 마음을 돌려라!"

아버지는 타일렀습니다.

"저도 청년이 되었으니 감당할 수 있는 자신이 있습니다. 안심하시고 돈이나 넉넉히 주세요!"

아버지는 그 어리석은 아들의 얼굴을 물끄러미 쳐다보다가 입을 열어 대답을 합니다.

"네 생각이면 그대로 될 줄 아는데, 그것은 큰 오산이다. 제발 아버지 곁을 떠나지 말고 때를 기다려라."

"아닙니다. 저는 결심을 했으니 제 마음은 변치 않습니다. 저에게 주실 유산을 지금 주세요."

아들의 간절한 애원에 아버지는 주었습니다. 아들은 "감사합니다" 한 마디 인사를 남기고 부모 곁을 떠났습니다. 적당한 곳에 정착을 하고 밑천을 다 들여 사업을 하였습니다. 아버지를 떠났으니 굴레벗은 송아지처럼 세상의 자유로운 맛을 이제야 보게 되었습니다.

자유롭게 자고, 자유롭게 돈 쓰고, 자유롭게 놀고, 자유롭게 오락하고, 자유롭게 술집 다니고 매우 재미가 났습니다. 구속받지 않고, 부끄럼 없이, 거치는데 없이 자유 자재로 살다 보니 3년 만에 그만 알거지가 되어 버렸습니다.

전에 좋아하던 친구도 다 떠나갔습니다. 몸에 병이 들었습니다. 그런데도 누구 하나 위로해 주는 이가 없습니다.

'아, 허무한 것이 돈이구나! 아, 무정한 것이 친구로구나! 아, 냉정한 것이 세상이구나!'

아들은 주린 배를 움켜쥐고 울지만 아무 소용이 없습니다.

예수님은 말씀하셨습니다.

"아이들이 장터에서 피리를 불어도 사람들이 춤추지 않는다"(마 11:17).

"불법이 성하므로 많은 사람의 사랑이 식어지리라"(마 24:12).

사람이 길가에 쓰러져 있는데도 누구 하나 거들떠보지 않는 정말 삭막한 세상이 되었습니다.

아들은 부끄러워서 다시 집으로 갈 수도 없고 완전히 거지 신세가 되어 남의 집 돼지우리에서 돼지들과 같이 먹고 자고 정말 짐승처럼 되어 버렸습니다.

이렇게 몇 달을 살다가 그는 깨닫게 되었습니다.

'우리 집엔 부모가 있고 음식이 풍족할 터인데 아, 내가 무슨 꼴인

가!'

밤새워서 울고 울다가 결심하였습니다. 날이 새어 훤히 세상이 보입니다. 일찍 그곳을 떠나 고향을 찾아가 부모를 만나 다시 새 아들이 되었습니다.

나는 여기서 세 가지의 진리를 여러분에게 소개하려 합니다.
① 사람이 하나님을 떠나는 것이 범죄의 시작이 된다는 것.
② 뜻대로 되지 않는 세상임을 알아야 함.
③ 사람은 심는 대로 거둔다는 것.

병에 물이 담겼다가 쏟아져 없어지면 병 속에는 자연히 공기가 들어가게 마련입니다. 이와 같이 내 마음 속에 하나님이 떠나가면 자연히 사탄이 들어와 나를 인도하는 주인이 되는 법입니다.

하나님 안에서 살던 아담 하와가 하나님을 떠나니 그 속에 사탄이 들어와 유혹에 넘어지고 두려움이 생기고 부끄러움이 생기고 게으름이 생기고 죽음의 벌을 받습니다. 그러므로 어떤 일이 있어도 하나님을 떠나서는 안 됩니다.

그런데 무엇이 하나님을 떠나게 만들까요?

제일 무서운 것은 욕심입니다. 욕심은 나를 위하는 좋은 친구 같지만, 그와는 정반대로 나를 죽이고 멸망케 하는 원수입니다. 나를 보호하려는 그 욕심, 나를 높이려는 그 교만, 내 배를 채우려는 그 욕심, 나만 가지려는 그 소유욕 등입니다.

욕심은 우리의 눈을 어둡게 합니다. 그래서 바로 봐야 할 것을 못 보게 합니다. 바로 들어야 할 음성을 못듣게 합니다. 바로 가야 할 곳을 못가게 합니다.

그러므로 하나님을 떠나지 않도록 특별히 주의를 하고 마음을 먹고 크게 결심을 해야 합니다.

사람들은 결심도 잘 합니다. 그렇지만 마음이 약해서 그 결심을 적은 일에도 파괴해 버리기를 잘합니다. 고로 어떤 일이 있대도 절대로 하나님을 버리지 않도록 해야 합니다. 그 다음 세상은 사람의 뜻대로 안 되는 세상임을 알고 살아야 합니다.

성경에 베드로가 큰 실수를 한 사실이 하나 있습니다.

"나는 죽을지라도 주님을 절대로 버리지 않습니다"고 예수님께 대중 앞에서 서약을 하였습니다. 이것은 그래야 하는 일입니다.

예수님은 베드로를 크게 성공케 하셨습니다. 예수님의 수제자로 선택하셨고, 베드로는 너무 기뻐서 "예수님을 위해서는 생명도 아낌없이 희생하겠습니다"라고 서약했습니다.

그렇지만 나중에 자기의 생명에 위협을 받을 때에 '아! 나는 예수가 누군지 모르는 사람'이라고 세 번이나 부인하였습니다. 참으로 인간은 이렇듯 간사하고 나약하며 극도의 이기주의자입니다.

내 뜻대로 못하는 세상입니다. 이것은 아직 내 속에 사탄을 완전히 버리지 못한 증거입니다. 탕자의 생각은 일확 천금을 설계했지만, 일조일석에 무너지고 말았습니다.

누가 거지가 되고 싶어 합니까? 누가 환자가 되고 싶어 합니까? 누가 패가가 되고 싶어 합니까? 누가 살인 강도가 되고 싶어 합니까? 모두 대부호, 대권력자, 대위인이 되고 싶지요. 그러나 이런 사람의 욕망이 자기 뜻대로 이루어지지 않는 것입니다.

그러므로 우리는 믿음을 가져야 합니다. 믿음이란 대능력자와 연결이 되는 것입니다. 우주의 한 분 밖에 없는 대능력자 곧, 하나님이요, 우리 인류의 아버지입니다.

① 그에게 의뢰함이 믿음이요.
② 그와 연결됨이 믿음이요.
③ 그를 떠나갔다가 다시 돌아와 함께 사는 것이 믿음이요.
④ 그에게 나의 생활 여건의 전부를 일임하고 복종하는 것이 믿음이요.

⑤ 그의 뜻이 나를 통해 이루어짐이 참 믿음입니다.
그 다음 사람은 심는 대로 거두는 것을 알아야 합니다.
① 내일의 영광을 거두려면 오늘 영광을 심어야 합니다.
② 내일의 기쁨을 거두려면 오늘 기쁨을 심어야 합니다.
③ 내일의 행복을 거두려면 오늘 행복을 심어야 합니다.
④ 내일의 평화를 거두려면 오늘 평화를 심어야 합니다.

탕자는 그걸 몰랐습니다. 아버지가 물려준 재물을 허랑 방탕하게 써 버렸습니다. 이 사회의 유익을 주지 못하고 무가치하게 써 버렸습니다. 교제해서는 안 될 친구들을 사귀었습니다.

먹어서는 안 될 것을 먹었습니다. 가서는 안 될 길을 갔습니다. 참아야 될 때에 참지를 못했습니다. 주의해야 될 것에 주의하지 못했습니다. 버려야 할 것을 안 버렸습니다. 습관이 되어서는 안 될 것을 습관했습니다. 가져서는 안 될 것을 가졌습니다.

이것들이 땅에 심겨졌습니다. 그래서 때가 되니 그것들이 열매를 열어 심은 그대로 탕자는 거두었습니다. 이 수확은 절대로 피할 수 없는 무서운 운명입니다.

"절대로 공정한 것이 심는 대로 거두는 법칙입니다."

이 세상은 이렇습니다. 이런 위험하고 무서운 데서 우리 사람들은 살아야 합니다. 그렇기 때문에 예수님이 오셔서 이 불행에서 구원해 주셨습니다.

탕자는 아버지께로 돌아왔습니다. 거지가 되어서 왔습니다. 그렇지만 아버지는 기쁨으로 아들을 맞이했습니다. 과거를 하나도 묻지 않았습니다.

"너는 죽었다가 살아왔구나! 너를 잃어다가 도로 찾았구나!" 하면서 목욕을 시키고 새 옷을 입히고 금가락지를 끼우고 동네 사람들을 다 불러 모아 큰 잔치를 베풀어 함께 즐겼습니다.

우리 뜻대로 안 되는 세상에서 극도의 낙오자가 되어 할 수 없이 살 길을 찾습니다. 그렇지만 우리 하나님은 절대로 과거를 묻지 않고 두 팔을 펴서 환영을 합니다. 그러므로 낙심할 필요가 없습니다.

부끄러움을 다 던져 버리고 겸손히 하나님께 나아오면 다 구원해 주시는 사랑의 하나님입니다.

27
부모를 나보다 더 사랑하면

"무릇 내게 오는 자가 자기 부모와 처자와 형제와 자매와 및 자기 목숨까지 미워하지 아니하면 능히 나의 제자가 되지 못하고"(눅 14:26)

 교화

참으로 이해할 수 없는 말씀입니다.
'부모를 미워해야 예수의 제자가 된다.'
여기에는 두 가지의 뜻이 숨어 있습니다. 이 뜻을 잘 알고 믿고 다른 사람을 지도해야 합니다. 그렇지 않으면 '예수는 불효 자식을 만드는 사탄'이라고 평할 수 있습니다.

① 믿지 않는 부모가 선악을 분간 못하고 미신을 섬기거나 악을 부끄럼 없이 행할 때에, 그 옳지 않은 일을 미워하고 무조건 부모의 악한 것에 복종하지 말라는 것입니다.

② 효자는 부모에게 무조건 복종하는 것이 아니라, 잘못된 것을 가르쳐 좋은데로 인도해 주는 것이 부모를 미워하는 일입니다.

부모의 마음을 거슬려 불복한다고 해서 불효는 아닙니다. 부모도 자녀들의 인도를 받을 때가 너무도 많습니다.

아버지가 맹장으로 누워 신음합니다. 어머니는 무당을 찾아가서 굿을 하려고 무당을 불러 왔습니다. 아버지가 아프다고 큰 소리를 치는 데도 무당은 북 치고 장구 치며 굿을 합니다. 어머니는 그 앞에서 손을 싹싹 빌며 병을 고쳐 달라고 합니다.

이때였습니다. 대학 다니는 아들이 이것을 알고 들어 왔습니다. 곧 환자를 업고 병원에 가서 진찰을 했더니 급성 맹장염이었습니다. 의사의 말을 따라 수술했습니다.

"30분만 더 있어도 생명을 잃을 터인데 마침 잘 왔습니다."

의사는 한숨을 푹 내쉬면서 아들에게 말했습니다.

어머니는 병원까지 쫓아 와서 "이 불효 자식 에미 마음을 거스리는 불효 자식!" 하면서 사람들이 많이 있는데서 아들에게 욕을 합니다.

하루가 지나 아버지도 정신이 들었습니다. 누워서 눈물을 닦으면서 아버지는 말했습니다.

"이 미친 것. 당신이 나를 살리려는 것이 아니라, 나를 죽이려고 굿을 했다. 아예 앞으로 그런 멸망의 굿은 하지 말라."

4일이 지나 아버지는 퇴원했습니다. 자, 어떤 것이 효도입니까? 미신을 섬기는 어머니의 말을 들어야 효자입니까? 이 세상에는 이렇게 무지한 부모가 얼마나 많은지 말할 수 없습니다. 그런 부모들의 옳지 못한 판단을 우리는 잘 지도하고 고쳐 주어야 합니다.

이렇게 하려면 처음에는 부모에게 미움을 받게 될 수도 있습니다.

"네 부모를 미워하지 않으면……"이라 하신 부모 마음이란 곧 이런 일을 지칭하는 것입니다. 사람에게서 나온 사람은 다 죄인이고 무지하고 부족합니다. 그래서 성현들은 말했습니다.

"사람은 죽을 때까지 배워도 다 알 수 없다."

그러나 세상 창조주 하나님은 완전합니다. 완전한 지혜자 하나님의 말씀을 무조건 복종해야 합니다. 그 다음에 하신 말씀이 "형제나 전토나 자기 목숨이나 또 재물까지 버리지 않으면……"이라고 교훈하셨습니다. 역시 형제나 재물도 버려야 한다는 것은 그런 이치입니다.

그런데 여기 우리가 깊이 생각할 것이 있는데, "자기와 재물도 버리라"는 문제입니다. '자기'라고 하는 것은 자기의 죄를 말합니다. 즉 내 죄를 버리라는 것입니다.

내 속에 죄는 늘 들어옵니다.
① 어떤 때는 교만의 죄.
② 어떤 때는 살인의 죄.
③ 어떤 때는 인색의 죄.
④ 어떤 때는 악한 욕심의 죄.
⑤ 어떤 때는 미움, 시기, 질투의 죄.
⑥ 어떤 때는 속임의 죄.
⑦ 어떤 때는 부모 불효의 죄.
⑧ 어떤 때는 싸움의 죄.

등등 기타 많은 죄의 권세가 내 속에 들어와 내 대신 행세를 합니다.

그런데 공자가 이런 말을 했습니다.

"내 속에 두 가지의 법이 있다. 하나는 선한 법, 하나는 악한 법, 그런데 나는 악한 법에 포로가 되어서 악은 나를 악한 데로 인도하고 있다."

바울 사도는 이런 말을 하였습니다.

"하나님께 순종하면 흥하고 하나님을 거역하면 망한다."

그러니까 좋은 것이 들어와서 나를 잘 인도하면 좋은 사람이 되고 악한 것이 들어와서 나를 인도하면 악한 사람이 되게 됩니다.

그러니까 우리의 몸은 마치 버스로 말하면 '차체'라고 말할 수 있습니다. 그리고 마음은 곧 운전사라 할 수 있습니다.

악한 마음은 악한 운전사요, 좋은 마음은 좋은 운전사입니다. 예수님이 "자기를 버리라!"고 하신 것은 나를 악하게 운전하는 악한 마음 곧 악한 마음의 운전사를 버리라는 말씀입니다.

또 "재물을 버리라!"는 말씀은 "좋은 일에 선용하고 가두어만 두지 말라!"는 뜻입니다.

　예수님은 또 "네 보물을 하늘에 쌓아 두라!"(마 6:20)도 하셨습니다. 여하튼 보물은 쓰는데 있지, 모아 두는 데 있는 것은 결코 아닙니다. 사람의 가치가 보물을 어떻게 쓰느냐에 달려 있습니다.

　우리 한국의 유명한 독립 운동가 서재필 박사가 계십니다. 그가 독립신문을 처음 발간할 때 어떤 독지가가 무명으로 많은 보조금을 보내왔습니다. 그때에 돈과 함께 편지가 있었는데 그 내용이 이러합니다.

　"내게 있는 재물 모두 드립니다. 따라서 내 생명까지 독립을 위해 바칩니다."

　"무명의 애국자, 그는 몸과 재물을 모두 바쳤다."

　그의 위대한 정신은 재물을 바치는데 나타났고 재물 또한 위대한 정신에서 최고의 가치를 발휘했습니다.

　"재물, 정신, 생명은 버리는 것이 사는 것이요. 사는 것이 버리는 것이다."

　이 말의 내용은 전혀 "예수님의 버림의 교훈"에서 나온 것이요, 진리입니다.

　"한알의 밀이 땅에 떨어져 죽지 아니하면 한 알 그대로 있고 죽으면 많은 열매를 맺느니라"(요 12:24).

　"사람이 친구를 위하여 자기 목숨을 버리면 이에서 더 큰 사랑이 없느니라"(요 15:13).

　네가 살고자 하면 죽으리라.

　예수님의 정신은 버리고 승리하는 정신입니다.

　예수님은 십자가에서 자기 몸을 버렸습니다. 그렇지만 예수님은 운명 직전에 이런 말씀을 하셨습니다.

　"다 이루었다"(요 19:30).

　이 말씀은 '대승리의 노래' 입니다.

우리 모두 예수님의 버리는 교훈을 가슴 깊이 간직합시다. 그리고 그것이 우리의 등불이 되고, 생명이 되고, 양식이 되게 합시다. 우리는 많이 모으고, 많이 갖고, 많이 누리는 것을 자랑하지 맙시다. 그것은 "내가 죽었다"는 표입니다. "많이 버리는 생활"이 우리의 대승리입니다.

28
하나님의 나라는 네 안에

【말씀】 "또 여기 있다 저기 있다고도 못하리니 하나님의 나라는 너희 안에 있느니라"(눅 17:21)

 교화

바리새인들은 예수님께서 일하시는 것을 못마땅하게 생각하고 질투, 시기 또 유사시에는 살상까지 생각하고 있습니다.

하루는 예수님께서 전도를 하신 후 조금 조용한 틈을 타서 쉬고 계시는데 방해꾼 바리새인들이 어떻게 알고 찾아와서 어려운 질문을 하는 것입니다.

"예수여, 당신은 어디가나 하나님 나라를 많이 말하고 있는데, 하나님 나라는 도대체 어디 있습니까?"

예수님은 무슨 일을 당하든지 얼른 대답하시는 일이 없습니다. 고개 숙여 기도하신 후 깊이 생각을 하십니다. 그리고 천천히 함박꽃 같이 웃으시며 대답해 주시는 것입니다.

바리새인들은 살기가 등등해서 총알같은 눈초리로 뚫어지게 예수님을 쳐다보며 물었는데 반면 예수님은 평화스러운 얼굴로 가슴과 마음을 넓히고 대답하시는 것입니다.

"좋은 질문입니다. 하나님의 나라는 당신들 마음 속에 있습니다. 또 당신들이 살고 있는 가정과 그 모인 무리 중에 있게 되는 것입니다." 그렇지만 하나님의 나라가 바리새 교인들 마음 속에 현재 있다는 것은 아닙니다. 그 이유는 그들은 예수를 미워하고 기회만 있으면 예수를 죽이려고 계교를 꾸미고 있기 때문입니다.

그러면 하나님의 나라는 어디 있을까요?
① 예수를 환영하는 자.
② 그의 교훈을 믿는 자.
③ 그의 말씀대로 살려고 중심을 기울이는 자.
④ 내 마음과 행동을 전적으로 성령께 맡기는 자.

그러니까 하나님의 나라는 어떤 것이냐는 윤곽이 드러납니다. 즉 사람들의 욕심이 아니라, 예수의 뜻이 이루어지는 곳이 곧 하나님의 나라입니다.

하나님의 나라는 개인 마음에도, 가정에도, 어느 단체에도 이루어질 수 있습니다. 내 마음 전체를 예수께 맡기고 예수의 뜻이 이루어지는 곳은 어디나 하나님의 나라가 되는 것입니다.

예수님이 세상에 오신 목적은 이 하나님 나라가 이루어지는 일입니다. 그래서 예수님이 30년간 이 땅에 계시면서 첫째로 세상에 외치신 설교가 곧 '하나님 나라를 준다' 는 것입니다.

"회개하라 천국이 가까왔느니라"(마 4:17).

하나님 나라는 두 가지가 있습니다. 하나는 이 세상에서 예수님의 뜻이 이루어지는 곳, 또 하나는 우리의 육체가 때가 되어 죽으면 영혼이 영원 천국에서 천사들의 호위 를 받으며 올라갑니다.

이 세상에 있는 하나님의 나라는 유한합니다. 그러나 우리의 영혼이 가는 하나님의 나라는 무한한 나라입니다.

사람들은 돈을 많이 갖는 것을 행복하다고 말하지만, 성경은 말씀하셨습니다.
① 예수 갖는 것이 행복.
② 하나님 나라 갖는 것이 행복.

③ 보람있는 하루를 갖는 것이 행복.
④ 이웃의 빛이 되는 인격이 행복.
⑤ 성경에 예수님은 "충성된 종아 많은 것으로 네게 주리라"(마 25:21)고 말씀하셨습니다.

여기 '충성'이란 있는 만큼 쏟아 놓는 정성을 말합니다.

김서방이 하나님께 천만원을 바쳤습니다. 그런데 박서방도 천만원을 내야 옳으냐? 하면 그런 것이 아닙니다. 각자 가진 재물이 다릅니다. 그러니까 박서방의 재물이 10만원이라면 그만큼 정성드려 바치면 그것이 충성입니다.

하나님 앞에서 '충성한 자가 사랑을 받습니다.'

어느 날 성전에 헌금한 것을 보시고 예수님은 말씀하셨습니다.

"여기 헌금 많이 한 부자와 엽전 한 푼을 드린 가난한 과부가 있다. 가난한 과부 엽전 한 푼이 부자의 많은 헌금보다 훨씬 값지다. 그는 오늘의 생명이 될 것을 바쳤기 때문이다."

그러니까 참 사람의 가져야 할 보물은 충성입니다. 하나님 나라에 갈 자격은 지식을 보지 않고, 권세를 보지 않고, 재물을 보지 않습니다. 기술을 보지 않습니다. 어떤 많은 경험도 보지 않습니다. 오직 "충성"입니다.

그러니까 하늘 나라에 들어갈 사람은 어느 나라 사람이든 좋습니다. 어떤 사람도 좋습니다. 그저 "충성" 이것만이 유일한 자격증입니다.

29
오늘 구원이 네 집에 이르렀다

"예수께서 이르시되 오늘 구원이 이 집에 이르렀으니 이 사람도 아브라함의 자손임이로다"(눅 19:9)

교화

삭개오는 세리장입니다. 돈 많고 권세 있고 지식이 많은 사람입니다. 그렇지만 그는 백성들한테 존경받지 못하고 살았습니다. 그 이유는 몇 가지 있습니다.

① 교만했습니다.
② 남의 것을 토색했습니다.
③ 봉사하는 마음이 메말랐습니다.

그는 세상 조건엔 풍족했으나, 정신적으로 심리적으로는 매우 외로왔고, 캄캄했고 고통스러웠습니다.

사람의 평안은 물질의 넉넉한데 있지 않습니다. 마음에 예수님의 빛이 없으면 고통이요, 예수님의 빛이 있으면 평안합니다.

영국의 시인이며 화가인 브레이크(Blake)는 말했습니다.

"내 작품이 온 세계에 퍼져 내 이름이 날려도 내 마음에 고통은 여전히 용광로의 불덩이처럼 화끈거리고 있습니다. 나는 이 불덩이를 꺼 보려고 세계를 쏘다녀봤지만 고통의 불덩이는 더욱 뜨거울 뿐입니다. 나는 어느 날 성전 제단 고요한 의자에 무릎을 꿇고 앉아 고개를 숙였습니다. 이때에 예수님의 빛이 내 마음에 비치었습니다. 그 빛이 비치자 고통의 어두움은 삽시간에 사라져 버리고 기쁨과 평화의 꽃이 핀 봄동산이 되었습니다."

삭개오는 가슴 답답함에 견디지 못하여 예수님을 간절히 사모하였습니다. 그렇지만 사람이 너무 많이 모여서 예수님을 볼 수가 없었습니다.

그렇게 되니 더욱 예수님이 보고 싶었습니다. 그래서 예수님 만날 방법을 물으니 누가 이렇게 일러 주었습니다.

"예수님이 어디로 지나갈 터이니 먼저 그 길을 앞질러 가서 만나도록 하시오."

삭개오는 그 말이 반갑고 고마웠습니다. 그래서 삭개오는 급한 걸음으로 달려갔습니다. 그리고 우뚝 섰더니 마침 눈앞에 높은 뽕나무가 보였습니다.

"옳지, 저리로 올라가자!"

혼자 중얼거리며 그 높은 뽕나무 위로 올라갔습니다. 그리고 내려다 보고 있었습니다.

예수를 만나려면 이렇게 열심, 간절, 노력, 인내를 해야 합니다. 예수님 뿐아니라 내가 목적한 바를 달성하기 위해서는 이렇게 열심, 간절, 노력, 인내 없이는 될 수가 없습니다.

토마스 에디슨에게 기자는 물었습니다.

"어떻게 이렇게 많은 귀중한 기계를 발명했습니까?"

그러자 그는 이렇게 대답했습니다.

"남다른 열심 노력 인내가 그런 결과를 만들어 냈습니다."

삭개오는 자기가 맡은 세관의 자리를 다 떨쳐 버렸습니다. 만나려는 간절한 마음의 불이 붙었습니다. 방해하는 여러 조건도 떨쳐 버렸습니다. 그는 하루고 이틀이고 만나려고 기다렸습니다.

그리고 세무청장이란 높은 품위도 생각지 않았습니다. 그 높은 어른이 원숭이처럼 뽕나무 높은 가지 위에 올라 앉아 예수님 지나기만 기다리고 있습니다.

　귀한 보배를 소유하기 위해서는 부끄러움도 생각할 여지가 없습니다. 그가 예수를 만나려고 이렇듯 여러 가지 방해하는 악조건도 다 내어 버렸습니다.

　우리가 세상을 살아가려는 데는 이렇듯 목적을 방해하는 것들이 많이 일어나 마치 전쟁 때 적군이 사방을 불시에 포위하는 것같은 국난시가 있습니다. 그렇지만 그것을 뚫을 수 있는 용기가 있어야 합니다.

　우리의 신앙 생활은 "신인 합작의 결과"라고 독일의 신학자 본 훼퍼는 역설했습니다.

　하나님만이 내 일의 전 책임을 지는 것이 아니고 사람 즉, 나도 그 목적 달성함에 50%의 협력이 있어야 된다는 말입니다.

　삭개오는 그만큼 애를 썼고 희생의 노력을 경주하였다는 것입니다. 이윽고 많은 무리가 저편에서 삭개오 앞으로 다가옵니다.

　삭개오는 정신을 바짝 차렸습니다. 조금 후에 예수님은 그 뽕나무 아래로 다가오십니다.

　예수님은 바로 뽕나무 아래 우뚝 서시더니 고개를 들고 위를 쳐다 보십니다. 말없이 한참이나 쳐다보시고 무슨 생각을 하셨나 봅니다.

　예수님은 고개를 숙이시고 잠깐 무슨 사색에 잠겼습니다.

　예수님은 다시 고개를 드시며 큰 소리로 외치십니다.

　"삭개오야, 내려 오라!"

　많은 사람들은 예수님과 함께 뽕나무에 시선을 보냅니다.

　삭개오는 예수님 명령 따라 속히 내려 왔습니다. 그리고 예수님 발 앞에 넙죽 엎드려 엉엉 울었습니다.

　어쩐지 자기의 이름까지 먼저 알고 큰소리로 불러 주시는 예수님 앞에 엎드려 있으니 마치 온몸이 빨갛게 벗은 것처럼 생각되어 감추어 두었던 과거의 죄들을 다 쏟아 놓았습니다.

"예수님, 저는 교만합니다. 예수님, 저는 인색한 사람이요, 구제와 봉사를 할 줄 모릅니다. 예수님, 저는 남의 것을 많이 토색하였습니다. 이런 것들을 다 보상하고 토색한 것은 사배로 갚아 주겠습니다. 그리고 제가 소유한 재물을 절반이나 팔아서 가난한 자들을 구제하겠습니다."

기쁨 마음으로 이렇게 회개를 하고도 과거의 부족한 것이 슬퍼서 울었습니다. 이 놀라운 회개의 역사에 놀란 대중에는 눈물을 흘리며 회개하는 사람도 많았습니다.

예수님이 분주히 통과하시는 발걸음을 멈추게 하는 삭개오의 정성은 정말 본받을 만합니다.

구약에 아브라함은 자기의 집을 거쳐 지나가는 세 사람의 천사의 발걸음을 멈추게 하여 큰 축복을 받은 일이 있습니다.

수넴 여자는 엘리사의 사정을 알고 뒤에다 집을 지어 드렸습니다. 늘 자기 집 앞을 지나가는 엘리사, 하나님의 종을 자기 집에다 모시고 크나큰 자녀의 축복을 받았습니다.

삭개오는 또 예수 앞에서 자기의 죄악을 다 회개하고 새사람이 되었습니다.

예수님은 세상에 새사람 만드시려고 오셨습니다. 즉 '새사람의 변화' 입니다. 축복도 변화요, 은사도 변화요, 성령 받음도 변화입니다. 변화 없이는 은혜를 받았다 축복을 받았다고 말할 수 없습니다.

그러면 삭개오는 무슨 변화가 왔습니까?

'봉사의 변화' 입니다.

예수님의 정신은 봉사입니다.

"나는 선한 목자라 선한 목자는 양들을 위하여 목숨을 버리거니와"(요 10:11).

이 말씀은 순전히 봉사를 교훈하는 말씀입니다.

"내 소유를 절반이나 팔아서 가난한 자에게 주겠습니다"(눅 19:8).

① 내 생명을 주는 자, ② 내 재물을 주는 자, ③ 내 기술을 주는 자, ④ 내 시간을 주는 자, ⑤ 내 힘을 주는 자로 변화가 될 적에 참 예수 믿는 사람이요, 축복 받은 사람이요, 천국을 이룩한 사람입니다.

우리가 사는 동안 배울 것이 매우 많습니다. 그러는중 제일 귀한 배움은 예수님의 사랑을 배움, 예수님의 봉사를 배움, 예수님의 희생을 배움, 예수님의 교훈을 배움입니다.

제 아무리 세상 지식을 많이 배웠다 할지라도 예수님의 정신이 결핍되어 있다면 그는 무식한 사람이 됩니다.

"모든 지식의 근본 지식은 하나님을 경외하는 것"(잠언 1:7)이라고 세계에 제일 가는 지식인이요, 도덕인이요, 신앙인인 솔로몬 왕은 말씀하셨습니다.

30
내가 예수를 알지 못하노라

【말씀】 "베드로가 부인하여 가로되 이 여자여 내가 저를 알지 못하노라 하더라"(눅 22:57)

 교화

예수님이 악당에게 잡혀서 법정으로 끌려갑니다.
"저 놈은 죽어야 마땅하니라. 그런 놈을 절대로 살려 둘 수 없다!"
수많은 군중들은 예수께 욕을 합니다. 어떤 자들은 돌을 던져 예수를 칩니다. 어떤 자들은 예수님 옆으로 가서 침을 뱉습니다. 매우 무서운 장면입니다. 이런 때에 예수님의 제자들은 다 어디를 갔을까? 모두 피신해서 달아났습니다.

그런데 꼭 두 사람만 남아서 많은 무리에 섞여 따라갔습니다. 한 사람은 베드로, 한 사람은 야고보입니다. 참으로 담대했습니다. 그 밖에 열 제자들은 어디론지 자취를 감춰 버리고 말았습니다.

그런데 모두 빌라도 법정으로 들어 갔고, 또 얼마는 그 마당에서 웅성대고 있을 때입니다.

베드로는 어떻게 용기를 내서 예수 뒤를 따라 갔지만 마음이 떨리고 온 몸이 굳어져 마당 구석에 앉아 불만 쬐고 있었습니다.

이때 어디서 소녀 하나가 다가와 베드로의 어깨를 툭 치면서 눈이 동그랗게 뜨고 묻는 것입니다.

"당신도 예수당이지요?"

베드로는 그 소리에 깜짝 놀라는 기색으로 감히 소녀의 얼굴도 쳐다보지 못하고 그저 입만 움직여 대답합니다.

"아, 아니요! 나는 예수를 모릅니다."

참으로 사람들은 비굴하고 나약합니다. 3년이나 동거 동사했던 선생, 예수님을 모른다고 부인하는 제자가 있으니 정말 부끄러운 일입니다.

자, 나는 여기서 몇 가지의 진리를 찾아 보았습니다.

① 거짓 증인을 만들어서 착한 사람을 중상하려는 사람들의 마음.
② 죽는 것이 무서워서 생명 예수를 버린다는 외식자 제자.
③ 죽음도 무서워하지 않고 담대히 전도하는 예수님.
④ 거짓 증인을 만들어서 착한 사람을 중상하려는 악심.

한국 속담에 "사촌이 땅을 사면 배가 아프다"는 말이 있습니다. 남이 잘 되는데 질투와 시기심이 생깁니다. 특히 이런 심리는 지식인, 권세가, 재벌가들 중에 제일 많이 있다고 봅니다. 이 정신은 내가 망하고, 내 가정이 망하고, 내 나라가 망하게 되는 무서운 정신입니다.

이런 험악한 사자굴 속에서 조금도 굴하지 않은 예수님의 의욕과 그 담대함이 참으로 자랑스럽습니다.

이런 세상이지만 이런 것을 이기고 전진할 때에 그 이상의 크신 축복과 영광을 받을 수 있습니다. 사람에게는 습관이란 것이 있어 사람을 고상하게 연마할 수도 있고, 저절로 수련할 수도 있습니다. 항상 사람들은 조심해서 이길 때 가서 용감히 용진하면 그것이 한두 번 계속하는 중에 좋은 습관이 되어 나를 고상하게 만들어 주는 것입니다.

그렇지만 정반대로 "이것은 악한 것이니라!"고 판단이 될 때에는 기필코 마음을 돌이켜 단절해야 그게 참 용기인데, 그렇지 않고 한두 번 굴복을 하다 하면 그것이 부지 부식간에 습관이 되어 아무렇지도 않게 행동합니다. 고로 어려운 풍파에서 그것을 담대히 이겨낼 수 있도록 우리는 습관을 길러야 하겠습니다.

죽는 것이 무서워 예수를 버리는 외식자 제자, 예수님의 수체자라는 베드로가 그렇게도 마음이 약했을까?

사람의 가치는 장수나 지식이나 금전이나 외모에 있지 않습니다.

바른 정신, 깨끗한 마음, 표리 부동한 진실한 행동에 있습니다. 좀 더 살아보겠다고 자기 선생의 은혜를 배반하고, 고통을 면하려고 약속한 그 결심을 썩은 갈대 꺾듯 꺾어 버리는 그 인격이야말로 금수에 불과한 것이 아니겠습니까.

사실 고상한 인격은 그런 정신적인 사자굴에서 이기고 충천할 때 이루어지는 법입니다.

독립 투사로 유명했던 이동령 선생을 우리는 잘 압니다(1869-1940). 남만주에서 한국 무관학교를 설립하고 한국의 군인들을 양성할 때, 하루는 학생 한 명이 학교를 탈교하고 도망치려는 것을 다른 선생이 잡아다 놓고 책망하고 있습니다. 이때 이동령 선생은 도망치려다 붙잡힌 학생에게 좋은 본보기를 보여준 일이 있습니다.

이동령 선생이 그 학생 앞에서 자기의 왼손과 팔을 걷고 그 학생 앞에 내놓았습니다. 그리고 오른손에 쇠망치를 들고 자기의 왼손과 팔뚝을 사정없이 쳤습니다. 삽시간에 그 손과 팔뚝이 터져서 피가 마루 바닥에 뚝뚝 떨어집니다.

옆에 있던 선생님의 눈이 휘둥그래졌습니다.

"왜 그러십니까? 참으세요. 이 놈이 잘못했으니 이 놈을 치시지, 왜 당신의 무죄한 팔뚝을 쳐서 붉은 피를 내십니까? 그만 두세요!" 하고 이동령 선생에게서 그 쇠망치를 얼른 빼앗았습니다.

내가 내 손과 팔뚝을 치는 일은 매우 아픈 일입니다. 그러나 이만큼 이긴다는 것은 교육적인 위대한 권위가 생기게 되는 법입니다. 모든 사람의 성공의 방법은 이와 같은 이치가 됩니다. 어렵지만 이긴다는 것에 반비례로 큰 영광이 뒤따르게 됩니다.

이동령 선생의 얼굴엔 평화의 꽃이 피었습니다. 참 위대하신 인격적인 방법으로 도망치는 학생을 바로 휘어잡아 가르쳤습니다.

우리는 남이 넘어진다고 함께 넘어져서는 안됩니다. 물론 그것이 옳은 일이라면 함께 가야지요. 그렇지만 그 길이 옳은 일이 아니라고 믿을 때는 혼자라도 좋습니다. 그런 때는 그 친구에게서 떨어져도 좋습니다. 용감히 뿌리치고 바른 길로 나와야 합니다.

좋은 결과를 얻으려면 특별한 각오와 희생과 모험이 필요합니다.

"희생없이 큰 것을 이룬다"는 정신은 불한당의 정신이요 술취한 자의 잠꼬대입니다.

베드로는 인격도야의 매우 호적기회를 분하게도 놓치고 말았습니다.

"내 선생이다. 나도 우리 선생과 같이 죽겠다. 내 손도 묶어라. 어서!"하고 가슴과 두 팔뚝을 악당들에게 떠 맡겼어야 하는데 그 용기가 없었습니다.

31
모든 것을 해로 여김은

【말씀】 "모든 것을 해로 여김은 내 주 그리스도를 아는 지식이 가장 고상함을 인함이라"(빌 3:8)

교화

바울 사도는 권세도 있었고 지식도, 돈도, 명예도 많았던 사람입니다. 그런데 이 모든 것을 자기에게는 해가 되는 것으로 여겼습니다. 그래서 다 버렸습니다.

그러면 어떻게 됐을까요? 남을 지도하는 책임을 버렸습니다. 남을 재판하는 책임도 버렸습니다. 돈이 있다고 뽐을 내던 재물도 다 사회 사업이나 또 공공 사업에 쓰려고 바쳤습니다.

이제 바울 사도로서 남았다는 것은 자기 육체, 예수, 믿는 믿음, 복음 전도자의 사명 뿐입니다.

재물, 권세, 지식, 명예 등이 어째서 바울 사도에게 해가 되었을까요? 원칙은 그것들이 절대로 해가 안 됩니다. 그것들을 소유한 사람들의 마음이 고약해서 해가 되는 곳에 악용을 해서 그런 것입니다.

어떤 사람이 공부를 많이 해서 박사 학위를 받고, 대학교 교수가 되었습니다. 그는 교만이 가득해졌습니다.

이 박사가 사는 인근의 친지는 그의 아들이 공부를 못한다고 박사한테 청을 해서 대학교에 입학이 되었습니다. 일금 천 오백만 원을 부정 입학금으로 받았습니다. 이것이 발각되어 박사는 대학교 교수직도 못하고 영창 생활을 하게 되었습니다.

지식 자체가 악한 것은 아닙니다. 지식을 악용하는 마음, 그 심리가 악한 것입니다.

지식이 있어 박사가 되었고, 박사가 되어서 교수가 되었지만, 그 교수의 이름을 악용하여 그렇게 패가 망신을 하게 된 것입니다.

또 모 고등학교에 선생이 있었습니다. 수학선생으로 특히 머리가 좋았지만 글씨에 특기가 있어 학교에서 간판이나 또 행사 때에 플래카드 등 모두 이 선생님이 도맡아 했습니다.

비 내리는 밤, 8시쯤 되었는 데 어릴 적 초등학교 동창이 찾아 왔습니다.

오랫만에 친절한 인사를 한 후에 밤에 찾아온 친구는 돈뭉치를 내 놓았습니다. 한 3천만원은 되나봅니다.

"이 돈으로 조그마한 집을 하나 사서 나랑 함께 쓰세. 내 방은 한 칸 만 있으면 돼. 자네가 그 남은 방은 다 쓰게. 그리고 이름은 자네 이름으로 만들고 나는 미국을 늘 왔다 갔다 하며 사업을 하는데 우리 부모도, 자녀도, 부인도 여기에 없어. 미국에서 지금 살고 있거든!"

그 다음 몇 마디 담화를 나누고 친구는 나갔습니다.

이 선생은 매우 기분이 좋았습니다. 그 돈으로 이층 양옥집을 매입했습니다. 대지 70평에 건평 50평의 참으로 아담하고 좋은 집입니다.

그후 한 달 만에 친구가 또 밤에 와서 집을 확인했습니다. 선생은 참으로 기뻤습니다.

"옛 친구 하나 좋은 친구 만나 나는 이렇게 횡재했네."

하며 친구 자랑을 합니다. 그런데 두 달 동안 아무 소식이 없더니 한 석달 만에 친구가 또 와서 권총을 하나 주고 갑니다. 그때 친구는 자기의 정체를 말해 주었습니다.

"나는 이북 공산당의 간첩이야! 알았나! 앞으로는 이러 이러한 조사를 좀 해 주게 부탁이야!"

선생은 돈 3천만원에 마음이 쏠려 넘어갔습니다. 무시로 밤에 비밀리에 서로 만나서 비밀 문서를 서로 교환합니다. 그리고는 또 떠납니다. 이렇게 해서 4년 동안을 간첩으로 계속 활동해 왔습니다.

친구는 어떤 때는 50만원, 어떤 때는 30만원, 어떤 때는 백만원씩 이렇게 심상치 않게 돈을 가져옵니다. 아마 월 평균 30만원은 받은 것같습니다.

선생의 생활은 편안했습니다. 그후 친구는 선생을 찾아 오지 않았습니다. 한 6개월 정도 지났습니다.

하루는 아침 10시쯤에 학교로 어떤 신사가 찾아왔습니다. 명함을 보니 모 경찰서 수사 계장입니다. 선생은 불안한 마음이 들었습니다. 그는 곧 잡혔습니다. 친구가 6개월 전에 잡히면서 그 연관자들도 알게 되었다고 합니다.

선생의 뛰어난 두뇌도 그 특기도 이젠 소용이 없습니다. 그는 이렇게 돈 때문에 폐인이 되었습니다. 그래서 성경에 "돈은 일만 악의 뿌리가 된다"(딤전 6:10)고 교훈하셨습니다.

바울 사도는 세상에 좋다하는 것들이 얼마나 옳고 착한 사람들을 폐인으로 만들고 있는지를 잘 알았습니다.

그래서 바울 사도는 "나는 그런 것들을 다 해로 여긴다"고 말씀하셨습니다. 그 대신 바울 사도는 예수님의 제자가 되었다는 것입니다. "의인은 없나니 하나도 없으며"(롬 3:10)고 말씀했습니다. 왜 그럴까요? 이렇듯 세상의 것은 사람을 유혹해서 악하게 만들기 때문입니다.

그런데 그것들 자체가 악한 것은 결코 아닙니다. 그것들을 악용하는 마음이 근본 악해서 그런 것입니다.

마음은 어째서 악해질까요? 그것은 사탄이 들어가 악하게 작용하기 때문에 그렇습니다. 그러니까 이 세상은 사탄의 세력에 포로가 된 셈이라 할 수 있습니다. 이 사탄의 세력과 도전할 분은 예수님 밖에 없습니다.

이 세상을 사탄의 세력에서 해방시켜 천국으로 만들려고 예수님은 큰 권능을 가지고 오셨습니다. 그리고 결과적으로 대승리를 거두었습니다.

참으로 예수님은 위대한 목적을 이루셨습니다. 이 위대한 승리는 계속해서 활동하지 않으면 안 됩니다. 그래서 그후 제자로 바울은 인정을 받았습니다.

바울 사도의 설교는 지식인이 되지 말라, 재벌이 되지 말라, 권세자가 되지 말라, 능력자가 되지 말라는 것이 아닙니다. 다 하나님이 주신 것이니 그것들을 되도록 많이 소유하되 '악용하는 사탄의 종이 되지 말라!'는 것입니다.

그것을 전도하려고 바울 사도는 일생을 산 분입니다.

"즉 여호와를 경외하는 것이 지식의 근본이라"(잠 1:6)는 참 지식을 전하고 일생을 바쳤습니다.

"제일 고상한 지식이 곧 예수를 아는 지식"(빌 3:8)이라고 바울은 전했습니다.

예수를 안다는 것은 예수를 마음에 모신다는 뜻입니다. 예수를 마음에 모신다는 것은 예수님의 지혜 대로 내가 일상 생활을 영위한다는 말입니다.

지금까지는 사탄의 종이었으나, 그 사탄을 내 마음에서 추방해 버리고 그 대신 예수를 내 마음에 모신 생활이 곧 예수를 믿는 생활이요, 그것이 곧 새천국이 이룩된 마음입니다.

32
천국의 시민권

【말씀】 "오직 우리의 시민권은 하늘에 있는지라 거기로서 구원하는 자 곧 주 예수 그리스도를 기다리노니"(빌 3:20)

 교 화

미국을 가려면 두 가지의 증명이 필요합니다. 하나는 '여권'이고, 다른 하나는 '비자'라는 것입니다.

여권은 우리 나라에서 '나가도 좋다'라는 증명입니다. 또 비자는 미국에서 주는 것으로 '와도 좋다'라는 증서입니다. 두 증서가 다 같이 구비되어야 합니다. 그 중에서도 '비자'는 받기가 조금 까다롭습니다.

수원에 사는 고병수라는 사람이 있었는데, 여권이 나왔다고 그걸로 다 된 줄 알고 회사에 사표를 냈습니다. 그리고 송별회를 가졌는데, 막상 비자가 안 나왔습니다. 한달 두달 비자가 나오기만 고대하다가 170일 만에 미국 대사관에서 오라는 통지를 받고 기쁨으로 갔더니 많은 사람이 줄을 서서 기다리고 있습니다.

고병수 씨는 차례가 되어 창구로 가 지시를 받고 왼편 대사관실로 들어 갔습니다. 대사관과 한 오분간 대화를 나누고 나왔습니다. 한 십분 후에 창구에서 이름을 불러 갔더니 비서가 말해 줍니다.

"고병수 씨는 불합격입니다."

고병수 씨는 "무엇이 잘못되었는가요?"라고 물었습니다.

그렇지만 창구에 서 있는 비서는 "모릅니다. 여기서는 이유를 알 수가 없으니 그만 돌아가 주세요."하고는 다른 관계자와 얘기를 합니다.

그후에 고병수 씨는 무슨 통지가 또 있을까 해서 2년을 더 기다렸는데 아무 소식이 없었습니다. 여권만으로 다 된 줄 알고 회사 중책의 사퇴까지 하고 기다렸던 고병수 씨는 그만 크게 낙심을 하게 되었습니다.

이제 와서 다시 회사에 취직할 수도 없고 큰 손해를 입게 되었습니다. 그런데 오늘 여러분에게 전달하려는 요점은 '하늘 나라의 시민권' 입니다.

미국이 좋다고 미국을 가려는 사람은 먼저 미국을 가는 여권과 비자를 받아야 미국을 가게 됩니다. 미국에서 5, 6년간을 살고 시민권을 청원하면 그 다음 시험을 치루어 합격해야 비로소 시민권을 받게 되는 것입니다.

미국의 시민권을 받아야 미국인으로서의 의무는 물론, 거기 따르는 미국 시민으로서의 받을 권리를 받게 됩니다.

이렇듯 '하늘 나라의 시민권'을 받으면 하늘 나라의 시민의 의무는 물론, 시민으로서 받을 특권과 혜택을 받게 됩니다.

이 세상에서 미국 시민권을 받으나 또다른 어떤 나라의 시민권을 받으나 살아 생전에 좀 다른 혜택을 받을 뿐 대동 소이할 뿐입니다. 또 외국의 시민권을 받아야 한다는 절대적인 이유는 없습니다.

그러나 '하늘 나라의 시민권' 이란 것은 안 가지면 안 되는 절대적으로 필요한 권리입니다. 마치 '공기를 마셔야 산다' 는 것이 절대적인 이유이듯, '안 마시면 죽는다' 는 피해가 있기 때문입니다. 이와 같이 '하늘 나라의 시민권' 은 안 받으면 안 되는 절대적인 이유가 있습니다.

절대적인 이유는 무엇일까요? 이것은 참으로 중요한 문제입니다. 누구나 다 들어가야 합니다.

그런데 이런 절대적인 시민권 문제를 등한시하는 사람들이 한국에는 많은데 매우 섭섭한 일이요, 또 무지한 현상이라 아니할 수 없습니다. 마치 소금 가마니를 지고 바다로 뛰어드는 격이요, 휘발유를 뿌리고 불 속에 뛰어드는 격입니다.

제가 이 문제를 설명하겠습니다.

① 사람은 세상에 왔다가 모두 갑니다. 처음 엄마를 통해 세상에 나와서 백년도 못살고 그 호흡이 끊어집니다.

사람들은 이것을 '인생의 일생'이라고 말들 합니다. 그러나 하나님은 그렇게 말하지 않습니다.

② 유체가 죽으면 그 육체 속에 있던 영혼이 나와서 하늘 나라에 올라갑니다. 육체는 땅 속에 묻혀 흙으로 돌아갑니다(눅 23:43).

대통령도 백만 장자도 필부도 남녀 노소할 것 없이 다 죽게 되어 있습니다. 그러니까 우리 호흡하는 육체가 사는 세상은 하늘 나라를 가는 임시 정거장입니다.

그러니까 우리는 이 세상에 나그네로 와서 살고 있습니다(벧전 2:11). "사람은 풀이요 권세와 영광은 꽃이라 풀은 마르고 꽃도 떨어진다"(벧전 1:24)고 말씀하셨습니다.

③ 우리 사람들에게는 고향이 있습니다. 그 고향은 곧 하늘 나라입니다. 이 세상 나그네집은 잠깐입니다. 그러나 우리의 고향은 영원히 사라지지 않는 곳입니다. 즉 영생이란 말입니다.

기쁨도, 사랑도, 행복도 영원합니다(고후 5:1).

④ 이 영원한 고향 하늘 나라를 모르기 때문에 이 세상이 최후인 줄로만 알고 불쌍하게 살고 있습니다.

사람들이 하늘 나라를 모르고 있기 때문에 전도를 해도 듣지 않고 귀를 지옥으로 돌리고 있습니다.

⑤ 하늘 나라는 분명히 있습니다.

거기에는 사망이나 곡하는 것, 아픈 것, 죽음 등이 없고 영생이요. 즐거움과 기쁨을 누릴 수 있습니다.

⑥ 그곳에 가려면 먼저 예수께 두 손을 들고 와야 합니다. 회개해야 합니다. 말씀 대로 믿고 살아야 합니다. 그러면 여권을 주시는데, 예수의 이름으로 세례를 받는 것입니다. 세례가 곧 여권입니다.

⑦ 믿음으로 성령을 받게 됩니다.

그것은 믿음으로 알 수 있습니다. 그것이 비자입니다.

세계를 하나님이 창조하심과 하나님이 지도하심과 우리의 생명과 만물의 생명이 하나님께서 주신 것과 우리들의 호흡과 생사 화복이 모두 하나님께서 주장하시는 것, 이 모든 것은 예수의 이름을 통해서만 이루어진다는 것을 믿을 때에 성령을 받은 것으로 압니다.

그 다음 시민권은 우리의 호흡이 예수님의 이름으로 끊어질 때에 끊어지는 순간에 시민권을 받게 됩니다.

천국에는 두 가지가 있습니다. 우리가 호흡하는 현세에서도 예수님이 우리 속에서 정권을 장악하고 역사하는데, 그 곳이 곧 하늘 나라입니다. 그리고 우리의 호흡이 끊어지는 순간에 우리 속에 예수와 함께 있던 영이 천사들의 호위를 받으며 영원한 천국에 올라가는데 그곳이 하늘 나라입니다.

현세 천국에서는 세상 풍파와 함께 고통도 슬픔도 있지만 우리의 영이 올라가는 하늘 나라는 올라가는 그때부터 영생의 하늘 나라에서 살게 되고 영생의 기쁨만, 영생의 평화만, 영생의 사랑 안에서 살게 됩니다.

사람들의 일생이 이 세상에서 끝나는 것이 아닙니다. 영생의 하늘 나라까지가 우리의 일생이 되는 것입니다.

사람들은 나그네로 임시 살고 있는 이 세상을 천국이요, 고향으로 확신하고 있는데, 너무도 무지하고 불쌍한 일입니다.

분명히 이 세상은 여관입니다. 우리가 진정 가야 할 고향은 하늘 나라입니다.

영생하는 하늘 나라에 못 들어가면 반드시 가야 할 곳이 있는데, 그곳은 무서운 '지옥' 입니다.

어째서 지옥을 자청해서 가려 합니까? 많은 주의 종들이 하늘 나라 시민권을 주야로 외치고 있는데, 어째서 여러분을 외면을 합니까?

주의 종들의 복음을 속히 들어 모두 하늘 나라에 가기로 약속합시다.

33
어떤 것이 참 복일까 (팔복1)

【말씀】 *"심령이 가난한 자는 복이 있나니 천국이 저희 것임이요"* (마 5:3)

교화

우리 사람들은 동서양을 막론하고 복 받기를 원합니다. 그런데 보통 사람들이 말하는 복부터 생각해 보기로 하겠습니다.

이북 사리원에 한문을 잘 아는 노인이 있었습니다. 그 분은 동네에서 훈장이라고 소문이 났습니다.

자기네 집에다 방 한칸을 꾸며 놓고 아이들에게 한문을 가르칩니다.

① 한자, ② 한문 글쓰기, ③ 한문 시 작법 이 세 가지를 가르쳤습니다. 뿐만 아니라 그 훈장은 한 주일에 한 번씩 동네 사람들에게 훈화를 해 주어 인기를 받고 있습니다.

그런데 도지사, 군수, 교장, 선생님들이 이따금씩 훈장을 찾아와서는 한문을 써 달라고 청원을 하면 그대로 써 줍니다. 부탁한 분들은 때로 감사금을 드리곤 했습니다.

어떤 날에는 상당히 높은 이들이 와서 써 갑니다. 어떤 이는 병풍을 만들겠다고 요구하면서 한꺼번에 8매, 16매, 그 밖에도 좋은 글들을 많이 써 갑니다. 그걸로 돈 벌이는 안 되지만 담배값, 술값은 생긴다고 훈장은 말합니다.
 그런데 이 훈장에게 두 분의 목사님이 찾아왔습니다.
 "선생님께서 알고 있는 지식에서 '복'이라고 생각하는 것을 좀 일러 주십시오!"
 "예, 잘 물으셨습니다. 나는 공자, 맹자 선생이 말씀하신 복에 관해서 대답해 드립니다."
 훈장은 정색을 하고 이렇게 대답을 했습니다.
 "예, 어서 말씀해 주십시오."
 목사님 중 한 분이 이렇게 말씀드렸습니다.
 "오복이라고 부릅니다. 오복이라고 하면 첫째. 건강 둘째, 부귀. 셋째, 양치(이가 튼튼한 것). 넷째, 장수 다섯째, 자손이 많은 것입니다."
 두 목사님은 이 말을 듣고는 "감사합니다. 잘 알았습니다." 하고 그 집을 떠나 왔습니다.
 오늘날 우리 나라 사람들이나 중국사람, 일본 사람 즉 동양인들은 이 오복을 보통 진리라고 믿고 그것을 가지려고 부단히 노력하고 있는 것이 사실입니다.
 그러나 저는 예수님께서 우리에게 교훈하신 복을 설명해 드리겠습니다.

1. 마음이 가난한 자는 복이 있나니 천국이 저희 것임이요.

 '마음이 가난한 것'이 어떤 것일까요?
 가난한 집에는 없는 것이 많습니다.
 광에 갔더니 독에 쌀이 없습니다. 창고에 갔더니 연탄이 없습니다. 방에 들어갔더니 의복이 없습니다.
 이와 같이 마음이 가난한 사람은 내 일에 대해서, 내 자녀에 대해서, 내 생명에 대해서 얻고자 하는 욕심이 없습니다.

그것이 마음이 가난한 일입니다.

예를 들면 큰 상점에 들어가 보니 좋은 양복들이 많이 있고, 구두며 모자들이 진열되어 있습니다. 모두 '손님들 사 가세요' 하는 뜻입니다. 그런데 마음이 가난한 사람은 그 좋고 멋진 상품 앞에서 "저것을 내 것으로 갖고 싶다. 내 아들을 사다 줘야겠다. 우리 아내에게 사다 주었으면 얼마나 기뻐할까?" 하고 내 욕심을 채우려고 생각을 안 한다는 말입니다.

먼저 의복이 없는 이웃의 아무개, 구두가 없는 누구의 아들, 쌀이 없는 이쁜네 등을 생각한다는 것입니다. 이런 사람이 복이 있는 것입니다.

그렇다고 자기 자녀나 아내나 자기의 몸을 일체 생각하지 않는 것이 욕심이 없다는 것은 아닙니다. 그것은 남의 것부터 해 놓고 나중에 나의 것을 채우려는 생각인 것입니다.

이런 사람이 마음이 가난한 사람이라는 것입니다.

이런 사람이 받을 상은 어떤 것입니까?

'천국'이라고 말씀하셨습니다.

'천국'이란 하나님이 그 속에 계셔서 그 사람을 인도해 줄 때에 평안한 상태를 말하는 것입니다.

하나님이 그 사람 속에서 역사할 때는 전쟁이 일어나도 풍랑이 일어나도 어떤 사고나 어떤 어려움이 고통이 있어도 안전합니다(시 27:3).

그 마음의 상태가 곧 천국입니다.

2. 애통하는 사람은 복이 있나니 저희가 위로를 받을 것임이요.

둘째의 복은 애통하는 일입니다.

여기 '애통'이란 말은 나의 부족 때문에 슬퍼하며 고쳐 나가는 사람을 말하는 것입니다.

사람은 다 약해서 범죄하기 쉽습니다.
① 알고도 범죄하고
② 몰라서 범죄하고
③ 어떤 때는 강요하는 바람에 범죄하고
④ 습관적으로, 본능적으로 무의식 중에 범죄합니다.

이렇게 사람들은 범죄를 합니다. 그런데 이런 여러 가지의 범죄를 행한 후 깨닫고 슬퍼하고 후회하고 고쳐 나가는 일을 말하는 것입니다.

예수님은 사람들의 연약함을 아시고 "회개하면 용서해 주리라"(눅 17:3)고 교훈하셨습니다. 70번씩 7번이라도 용서해 주라고 교훈하셨습니다(마 18:22).

예수님의 사랑의 목적은 폐인을 변화시키는 일입니다. 폐인을 변화시키기까지 용서해 주십니다. 세상에서 무죄자가 의인이 아니고 회개하는 자가 의인입니다.

이렇게 회개하고 변화된 사람은 어떤 복을 받을까요?

"저희는 위로를 받는다"고 하셨습니다.

위로는 용서, 보다 좋은 마음으로 만들어 주심, 축복 등을 말하는 것입니다.

3. 온유한 자는 복이 있나니 저희가 땅을 기업으로 받을 것임이요.

'온유'란 ① 말 없이 내 맡은 일을 잘하는 사람, ② 누가 욕하거나 칭찬하는 것을 듣지 않는 사람, ③ 남의 일, 자기 일 차별을 두지 않고 봉사 많이 하는 사람입니다.

어떤 사람은 자기가 한 일에 표창을 안 해 주었다고 원수가 된 일도 있습니다. 어떤 이는 자기 일을 잘못했다고 타이르는 사람에게 적대시 합니다. 어떤 이는 자기가 맡은 일만 하고는 남이야 어려움을 당하건 말건 돌보지 않는 이도 있습니다.

그러나 온유한 사람은 그렇지 않습니다. 그러기 때문에 온유한 사람은 "땅을 유업으로 받는다"고 하셨습니다.

땅은 재물을 말합니다. 즉 큰 부자가 된다는 것입니다.

성경은 부자되는 법을 실감나게 말씀해 주셨습니다.

어떤 이는 '예수 믿으면 돈도 모으지 못하고 사장도 될 수 없다' 라고 불평을 하는 이가 있습니다. 그런 사람은 성경을 바로 알지 못해서 그런 말을 하는 것입니다.

먼저 하나님만 높이고 말씀 중심해서 산다면, 세상 재물, 권세, 영광은 알지도 못하는 사이에 내게 들어오게 됩니다.

신명기 28:1에 "내가 오늘날 네게 명하는 그 모든 명령을 지켜 행하면 네 하나님 여호와께서 너를 세계 모든 민족 위에 뛰어나게 하실 것이라" "하늘의 아름다운 보고를 열으사 넘치게 내려 주고"(신 28:12) "많은 민족에게 꾸어 주고"(신 28:12) "너로 머리가 되고 꼬리가 되지 않게 하고"(신 28:13) "너희의 온전한 십일조를 창고에 들여 나의 집에 양식이 있게 하고 내가 하늘 문을 열고 너희에게 복을 쌓을 곳이 없도록 붓지 아니하나 보라"(말 3:10).

사람들은 거짓되어서 약속을 어기지만 우리 하나님은 절대로 그 약속을 어기지 않습니다. 믿고 행하면 그대로 내려 주십니다(마 24:35).

사람들은 그 목적이 재물이어서 마치 돈을 번대로 구멍난 독에 물 붓듯 씁니다. 그러나 예수를 잘 믿고 복종하는 사람은 목적이 재물이 아니고 하나님만 잘 섬기는 일입니다. 재물과 명예, 권세, 지식 등에 욕심을 내지 않습니다. 그래도 하나님만 잘 섬기고 복종하면 우리가 세상에서 필요한 것들을 넘쳐 흐르게 내려 주시는 것입니다(마 6:33).

또 하나의 땅은 저 천국을 말합니다. 천국을 생각하면 세상 어느 것과도 비교할 수 없습니다.

세상에서 최고의 보배는 천국입니다.
미국의 LA에 있는 '디즈니랜드 공원'을 구경하면 다른 데는 구경할 필요가 없다는 말이 있습니다.
우리가 예수를 믿고 온유한 사람이 되면 '천국'을 상으로 받는데, 그렇게 되면 그 이상의 큰 상은 세상에 없으니, 참으로 행복한 일이 아닐 수 없습니다.

4. 의에 주리고 목 마른 자는 복이 있나니 저희가 배부를 것임이요.

의는 착한 일을 말하는 것이지요.
착한 일을 많이 행하는 사람을 말하는 것입니다.
① 밥을 안 먹으면 죽습니다.
② 밥을 안 먹으면 힘이 없어 아무 일도 못합니다.
③ 또 물을 안 먹으면 역시 죽습니다.
④ 물을 안 먹으면 목이 말라 힘을 못씁니다.
사람이 죽고 사는 문제는 먹는 것과 마시는 것입니다. 그러기 때문에 주린 자와 목 마른 자는 온 힘을 다해 그것을 구하려고 애를 씁니다.
이와 같이 선을 행하는 일에도 온 힘, 정성, 뜻을 다해서 행한다는 뜻입니다.
슈바이처 박사는 그렇게 선을 행하기에 주리고 목마른 자처럼 하였습니다. 하루는 중환자가 왔습니다. 진찰을 하고 치료를 하려 했으나 입원실이 없어 간호원은 환자의 보호자에게 "미안하지만 다른 병원으로 가세요. 우리 병원에는 입원실이 없습니다."
중환자를 싣고 보호자는 다른 병원으로 발길을 옮깁니다. 이 일을 슈바이처 박사는 알았습니다. 얼른 그 환자를 불렀습니다.
"입원실이 꼭 한 자리가 남았습니다. 그리로 가세요."

이 말을 듣고 간호원은 깜짝 놀랐습니다. 그리고 눈을 찌푸리며 말했습니다.
"선생님! 지금 며칠 전부터 만원입니다. 어떻게 하시려구?"
"아니야 우리 집 있지 않아? 내 침실 말이야. 그리로 환자를 모시도록 해요!"
간호원에게 손짓을 하면서 어서 보내라고 독촉하였다는 것입니다. 슈바이처 박사는 의에 주리고 목마른 자였습니다.
나는 이스라엘을 순례하고 돌아왔습니다. 예수님이 살았던 나사렛 옛집을 가보았습니다. 토굴이었습니다. 토굴 앞에 제단을 만들어 넣고 제단상 위에 좌우로 촛불을 하나씩 켜 놓았습니다.
제단을 지키는 사람이 설명을 해 줍니다.
"이곳이 예수님이 살던 곳입니다. 환자가 오면 예수님은 토굴 속 자기 자리에 환자를 두고 예수님은 밖에 나와서 주무셨다고 합니다."
참으로 예수님의 생활은 의에 주리고 목마른 생활이었습니다.
이런 사람의 받을 복은 어떤 것일까요?
"저희가 배부를 것이라."
이것은 만족과 영원한 기쁨이 있다는 것입니다. 이 세상 사람들의 기쁨과 만족은 매일 변합니다. 그러나 의 사모하기를 주리고 목마른 자의 기쁨과 만족은 절대로 변치 않습니다.
슬픔 중에서도 고통 중에서도 어떤 어려움을 만나도 절대로 그 기쁨과 만족은 변치 않고 영원합니다.
스데반은 일곱 집사 중 한 사람입니다. 그는 구제하는 직책을 맡았습니다. 뿐만 아니라 여러 곳에 다니며 말씀 전도도 많이 하였습니다.
그는 악당들한테 잡혔습니다.
"예수를 전하지 말라고 했는데 왜 전해!"

악당들은 스데반을 향해 욕도 하고 또 마지막엔 큰 돌로 쳤습니다. 스데반의 온 몸은 피투성이가 되었습니다. 그렇지만 스데반은 원수들을 미워하지 않습니다. 도리어 용서를 빌었습니다.

"하나님이여, 나를 치는 저들의 죄를 용서해 주세요. 자기들의 하는 일을 몰라서 그렇습니다!"

죄인 원수를 위해서 용서와 복을 비는 스데반의 얼굴은 천사와 같이 환히 빛났고 만족과 기쁨의 꽃이 피었습니다(행 6:15).

사람의 성공은
① 큰 돈을 모아 부자가 됐다.
② 지위가 높이 올라 사장이 됐다. 대통령이 됐다.
③ 재간이 좋고 기술이 좋아 그의 명성이 널리 알려졌다는 것으로 평가하는 것이 아닙니다.

사람은 세상에 나올 때 하나님께서 다 적재 적소에 맡겨 주십니다. 그 책임을 다하면 그것이 성공이요, 영광입니다.

① 일개 농사꾼이 되어서 죽도록 땅을 파다 죽었다 하더라도 그가 책임을 충실히 감당했으면 그것으로 크게 성공한 사람이라 할 수 있습니다.

② 남의 집에서 종살이를 하다가 죽은 사람도 진실히 그 책임을 다했으면 그 사람도 크게 성공한 사람입니다.

사람들은 결과와 책임의 질양을 봐서 높다 낮다 차별을 두지만, 하나님 앞에는 절대로 차별이 없고 일이 천하건 귀하건, 높건 낮건 관계치 않습니다. 그저 맡은 일에 진실을 다했느냐? 다 했으면 똑같이 상을 주십니다.

"네가 작은 일에 충성하였으며 네가 많은 것으로 네게 맡기리니" (마 25:21).

예수님은 악당에게 끌려 고난을 받다가 나중에는 극악한 죄수로 심판을 받아 십자가에 처형을 당했습니다. 하지만 마지막에 "나는

다 이루었다"(요 19:20)고 하셨습니다.

   얼마나 내가 맡은 일에 진실했느냐? 진실한 자는 크게 성공한 자요, 그렇지 않고 아무리 큰 권세 지위 재물에 태산같은 부자라도 진실과 충성이 없으면 그는 하나님 앞에서 실패한 사람입니다.

34
어떤 것이 참 복일까(팔복2)

"긍휼히 여기는 자는 복이 있나니 저희가 긍휼히 여김을 받을 것임이요"(마 5:7)

 교 화

1. 긍휼히 여긴다 라는 뜻은 친절한 마음과 생활을 말합니다.

누가 오든지, 누구를 만나든지 예수의 이름으로 친절하라는 뜻입니다.
① 중심으로 친절, ② 형식적으로라도 친절, ③ 참아서 장기간 친절해야 합니다.
사람들은 얕은 기분이 모든 것을 지배하고 있습니다.
김서방이 회사에서 표창을 받았습니다. 기분이 좋았습니다. 집에 와서 가정에 친절합니다. 이웃에게 친절합니다.
이웃의 개가 김서방네 마당에서 똥을 버리고 달아났습니다. 김서방은 기분이 나빴습니다. 김서방은 있는 목청 다내서 욕을 합니다.
"개새끼 좀 매고 기르라구 남의 마당에 더럽게 똥을 갈겼어!"
이웃집에서 그 소리를 듣고 고개를 숙이고 부끄러워 했습니다. 그 뒷집 점잖은 아저씨도 그 욕설을 들었습니다. 그리고 생각합니다.
"이웃간에 그런 일이 많은데 그것쯤은 참고 못본듯이 친절해야

지."

그렇습니다. 누구나 양심은 있어서 친절 친절하면서도 기분이 좋을 때는 친절하고 기분이 나쁠 때는 별안간 원수로 변한 후 무자비스러운 욕설을 하곤 합니다.

어떤 사람이 미국가서 큰 상점엘 들어갔습니다. 우산을 사려고 가서보니 5달라라고 말했습니다.

"너무 비싸군 저 상점에서는 3달라인데!"

혼자 말하며 그 상점을 나왔습니다. 비는 계속해서 내립니다. 의복이 젖을 정도로 내립니다.

손님은 "어디가 백화점이 있나? 우산 파는 곳이 어디 있나?" 혼자 중얼거리며 두리번거리는데 뒤에서 누가 오는 발자국 소리가 들려 뒤를 돌아보았습니다. 자세히 쳐다 보니 백화점 점원입니다. 우산을 주면서 "어디를 가는지 이 우산을 쓰고 갔다가 돌려 주세요"하는 것입니다.

손님은 우산을 받을 수가 없었습니다. 너무 죄송하고 미압합니다.

"괜찮습니다. 괜찮습니다" 하면서 사양을 했지만 그냥 권하는 바람에 우산을 염치 없이 받아들었습니다. 그리고 서서 가만히 생각을 하니 "다른 곳에 갈 필요가 없다. 이렇게 친절한 상점에 가서 팔아줘야겠다"고 결심하였습니다.

그리고 발걸음을 돌이켜 그 백화점으로 가서 우산을 샀습니다.

"누구에게나, 친구에게나, 원수에게나 친절을 베풀어야 합니다."

그 사람은 어떤 축복을 받을까요?

"긍휼히 여김을 받을 것이다"라고 하셨습니다.

하나님의 긍휼은 하나님의 무한하신 도움을 말하는 것입니다.

① 하나님은 능력이 많으심.
② 하나님은 용서가 많으심.
③ 하나님은 이해가 많으심.

④ 하나님은 사랑이 크심.
⑤ 하나님은 지혜가 많으심.
　이러한 하나님의 도우심을 받게 된다면 얼마나 크신 축복일까요? 뿐인가요?
① 이웃에게 사랑을 받습니다.
② 어른들에게 사랑을 받습니다.
③ 만민에게 높임을 받게 됩니다.
　바울 사도는 말씀하셨습니다.
　"사람이 무엇을 심든지 그대로 거두리라"(갈 6:7)
　그러니까 친절을 심었으니 친절을 거둘 수밖에 없습니다.
　서울 만리동에 성봉석이란 장로가 살고 있었습니다. 돈이 많아 큰 목재회사를 경영합니다. 성장로님은 일년에 두 차례 구제를 합니다. 봄에 한 차례, 가을에 한 차례입니다.
　이런 훌륭한 소문이 퍼졌습니다. 이렇게 되니 매일같이 불우한 사람들이 찾아듭니다. 그렇지만 누구에게나 친절히 대접해 보냅니다. 그후 6·25 동란이 발생하여 폭격이 서울 장안을 무차별 퍼부었습니다. 그렇지만 성장로댁 큰 목재상은 조금도 상하지 않았습니다.
　또 인민군이 들어와서 성장로를 잡아 갔으나 그의 구제와 친절과 사랑의 열매를 보고 그냥 무죄석방을 하여 한 식구도 상하지 않았습니다.
　많은 사람이 성장로님댁이 어려운 동란에도 무사했다는 소식을 듣고 모두 하나님께 영광을 돌리며 이구동성으로 감사하는 말이 "믿음 좋고, 사랑 많고, 친절하신 성장로님을 특별히 하나님이 보호해 주셨다"는 것입니다.
　성장로님은 너무도 감사해서 큰 성전을 건축하여 여생을 복음전도에 봉사하였습니다.

2. 마음이 깨끗한 자는 복이 있나니 저희가 하나님을 볼 것임이

요.

교 화

"마음이 깨끗하다"는 것이 이유없이 복종하는 마음을 말합니다.
성경에 아담 하와가 하나님께서 분부하신 말씀을 어겼습니다.
"중앙에 서 있는 선악과를 따먹지 말라"고 하나님이 명령하셨습니다. 그런데 몇일 있다가 그 선악과를 따 먹었습니다. 그래서 하나님은 아담과 하와에게 죽음이란 벌을 내렸습니다. 아담과 하와는 마음이 깨끗하지 못한 분입니다.
또 성경에 아나니아와 삽비라라는 부부가 있습니다. 어느날 주일에 하나님 전에 나가서 베드로 사도에게 땅을 바치기로 약속을 하였습니다. 그런데 땅을 판 후에는 약속대로 하지를 않았습니다.
절반을 감추었습니다. 그리고 절반만 바쳤습니다. 베드로 사도는 이것을 알았습니다. 그래서 책망을 하였더니 그 부부는 그만 쓰러져 죽고 말았습니다.
이 부부는 마음이 깨끗하지 못한 분들입니다.
성경 전체는 사람들에게 복 받는 방법을 가르친 진리의 책입니다. 고로 이 말씀을 복종하는 사람은 복 받고 복종치 않는 사람은 큰 벌을 받거니와 모든 일이 뜻대로 되지 않습니다. 절대로 하나님 말씀에 복종하는 마음이 곧 마음이 깨끗한 사람입니다.
이 마음을 가지는 사람은 어떤 복을 주실까요?
"하나님을 볼 것이니라"고 말씀하셨습니다. 하나님을 본다는 것은 우리의 눈으로 본다는 것은 아닙니다. "하나님이 함께 하신다"는 뜻입니다.
종이가 종이대로 있으면 약합니다. 그러나 벽에 붙어 있을 때는 강합니다. 이와 같이 사람들은 매우 약한 존재입니다. 그러나 하나님이 함께 하시면 매우 강해 집니다.

다윗이 블레셋 나라의 골리앗과 싸웠는데, 전쟁에 능한 골리앗은 전패됐고 소년 목동인 다윗은 승전하였습니다. 다윗이 승전한 이유는 어디 있습니까? 그것은 하나님이 함께 하시기 때문입니다.

영국의 엘리자벨 제1세는 매우 영리한 여자였습니다(1558－1603).

외국어에 능통했고 역사가, 음악가, 신학자였습니다. 25세에 제1세에 여왕으로 즉위했던 분입니다.

국방장관이 여왕께 말씀드렸습니다.

"우리나라가 만세반석 위에 세워진 최대 강국이 되려면 첫째 무기 확충, 둘째 병력 증강, 셋째 정신 무장 등을 강화치 않으면 안됩니다."

엘리자벨 여왕은 장관의 하는 말에 이렇게 대답하였습니다.

"당신의 말이 옳다고 생각합니다. 그런데 그 중에 제일 귀한 강령 하나가 빠졌습니다. 그것은 하나님을 믿는 믿음의 무장입니다."

믿음은 곧 하나님이 함께 한다는 표입니다.

예수님은 말씀하셨습니다.

"믿는 자에게는 능치 못함이 없느니라"(마 9:23).

하나님이 함께 하는 축복이란 이렇듯 귀한 것입니다.

3. 화평케 하는 자는 복이 있나니 저희가 하나님의 아들이라 일컬음을 얻으리라.

 교 화

"화평케 하는 자"란 뜻은 마음이 하나가 된다는 뜻입니다.

한 가정이 여섯 식구라하면 여섯 식구의 마음이 하나처럼 화평하라는 것입니다.

한 회사의 사원이 모두 백명이라면 백명이 모두 하나가 된 것처럼 평화스럽다는 뜻입니다.

이웃간에 원수가 되어 싸우고 살인을 합니다. 그 이유는 마음이 하나가 못되어서 그렇습니다.

우리 이남과 이북은 떳떳한 하나의 나라입니다. 그런데 강대국들의 야욕에 그만 본의 아니게 둘로 나누게 됐습니다.

특히 미국은 바른 양심으로 우리를 도와서 하나로 만들려고 하는데 공산당도배들이 야욕을 품고 헤치고 있습니다. 헤치는 것은 망하게 하는 것이고, 합치는 것은 흥하게 하는 것입니다.

합한다는 것은 이렇듯 귀한 것입니다. 우리는 어려서부터 합치는데 많은 훈련을 받아야 합니다. 특별히 우리 한국 민족성이란 합치는데 매우 무력한 백성이라는 것이 세계적으로 유행하는 말입니다.

대가족제도란 문자 그대로는 합심한다는데 좋은 조건이 되는 것 같습니다.

한 울타리 안에서 사대 오대가 함께 산다는 것, 그런데도 마음은 합치지 못하고 있으니 불쌍하고 무지한 일입니다.

마음 합치는 데는 내가 먼저 희생하는 양보가 없이는 안됩니다. 예수님은 말씀하셨습니다.

"너희는 소금이 되라"(마 5:13).

소금이 되는 데는 내가 물 속에 들어가서 녹아져야 됩니다. 녹아지는 희생이 없이는 절대로 화평을 이룩할 수 없는 것입니다.

아브라함은 자기의 조카 롯과 함께 살았습니다. 그런데 아이들이 커지고 자라고 철이 들 무렵에는 가정 싸움이 일어나기 시작하였습니다.

그 이유를 성경에 말씀하셨습니다.

"그들이 소유가 많아 동거할 수 없어 싸움이 일어나니라"(창 13:6-7).

싸운다는 것은 마음이 하나가 못 된다는 표입니다.

그런데 아브라함이 마음을 넓혀서 마음 하나가 되는 법을 생각해 냈습니다.

"롯아 재물 때문에 싸우지 말자. 네가 먼저 골라 가져라. 네가 우편을 가지면 나는 좌편을, 네가 좌편을 가지면 나는 우편을 가질테다"(창 13:9)

이렇게 해서 가정은 화목하게 되었습니다.

내가 소금이 되는 삶의 진리를 먼저 배우고 행하면 합심이 되는 것입니다.

"화평케 하는 자는 하나님의 아들이 되는 축복을 주리라!" 하셨습니다.

하나님의 아들이 되는 축복은 어떤 것일까요?

아버지가 큰 회사의 사장이며 주인입니다. 그 아버지의 즉 사장의 아들의 영광을 생각해 보세요.

① 아버지의 재산을 아들에게 인계합니다.
② 아버지가 사장의 권리를 아들에게 인계합니다.
③ 아버지의 손 아래 있는 사원에 대한 권한을 아들에게 인계합니다.
④ 아버지의 그 좋은 배경이 아들에게 옮겨집니다.
⑤ 아버지의 기쁨과 자유가 아들에게 인계됩니다.

얼마나 영광스럽습니까?

이와 같이 하나님의 아들이 또한 딸이 된다고 하면 그렇게 엄청나게 크고 넓은 영광과 기쁨과 배경과 재물을 인계받을 수 있다는 것입니다.

하나님의 영광은 어떤 것일까요?

하나님의 능력과 소유와 그 권한은 어떤 것일까요?

① 하나님의 창조의 능력입니다.
② 하나님의 구원의 사랑입니다.
③ 하나님의 개조의 지혜입니다.

④ 하나님의 기쁨의 승리입니다.
⑤ 하나님의 영생의 생명입니다.
⑥ 하나님의 천국의 축복입니다.

하나님의 능력과 사랑이 함께 하신다면, 걱정과 근심과 고통과 슬픔이 없습니다.

만사가 형통이요 능치 못함이 없는 것입니다.

4. 의를 위하여 핍박을 받는 자는 복이 있나니 천국이 저희 것이니라.

교화

"의를 위하여 핍박을 받는 자는 복이 있나니."

의라는 것은 하나님을 믿는 신앙을 말하는 것입니다.

가정에서 나를 낳아 주신 부모에게 효도하는 것은 의당 할 것이요 의로운 일입니다.

부모께 효도하면 복을 받지만 효도하지 않으면 망합니다.

이와 같이 하나님을 믿는다 라는 것은 의당 마땅한 것입니다. 이유는 우리의 아버지가 되기 때문입니다.

왜 우리 아버지가 될까요?

① 우리의 생을 하나님이 주셨습니다(행 17:25).
② 우리의 생사를 주관하십니다(마 10:29).
③ 행, 불행의 두 길을 인도해 주십니다(시 37:23).
④ 우리가 살고 있는 이 세상 만물을 우리에게 주셨습니다(히 11:3).

그러니까 하나님이 없으면 우리 선조가 없으며, 우리 부모가 있을 수 없습니다. 그러니까 우리들의 부모 보다 더 귀하신 아버지가 됩니다. 이 아버지를 마음, 뜻, 정성, 힘을 다해서 효도해야 합니다.

"하나님이 세상을 사랑하사 독생자를 주셨으니 누구든지 저를 믿으면 멸망지 않고 영생을 얻으리라"(요 3:16)고 하셨습니다.

그러니까 하나님을 믿으면 복 받고 믿지 않으면 멸망합니다.

그런데 또 하나 귀한 말씀이 있습니다. 그것은 "믿음을 위하여 핍박을 참아야 된다"는 말씀입니다.

예수님은 말씀하셨습니다.

"좁은 문으로 들어가라"(마 7:13)

좁은 문이란 어렵다는 말입니다. 즉 믿는 생활이란 어려운 문제입니다. 그 이유는 죄악과 상대해서 싸워야 되기 때문입니다.

죄악에 자리를 양보해서는 안됩니다.

왜정 때에 일본 순사들은 교회에 와서 신자들을 끌고 신사로 끌고 갔습니다. 그리고 신사 앞에 세워 놓고 절을 하라고 강권하였습니다.

① 어떤 이는 아예 신사 곁에 오지도 안했습니다.

② 어떤 이는 와서도 절을 안했습니다.

③ 어떤 이는 큰 소리로 찬송을 부르고 기도를 드렸습니다.

이런 태도가 참 믿는 태도입니다.

이렇게 죄악에게는 내 마음과 몸이 끌려서 범죄해서는 안됩니다. 이렇게 밀고 나가려니 핍박이 많지요, 고통이 많지요, 그렇지만 이런 것들을 참고 이겨 범죄를 떳떳이 물리쳐야 합니다.

그래서 예수님은 또 말씀하시기를 "나를 따르려거든 제 십자가를 등에 지고 나를 따르라!"고 하셨습니다.

십자가는 세상에서 최상의 고통입니다. 이 고통을 내가 받으면서 참고 예수를 믿으란 말입니다.

왜정 때 우리 목사님들, 신자들이 신사참배를 거절했다고 옥에 가두었고 죽였습니다.

대원군 시대에는 대원군이 우리 예수 믿는 목사님, 장로님, 신자들을 무려 팔천 명이나 죽였다는 것입니다. 이러한 어려움을 참고 믿으려니 참 어려운 문제입니다. 그런데 이런 어려움을 참고 이길 때에 하나님은 말할 수 없는 축복을 천대만대로 내려 주신다는 것입니다.

그런데 이렇게 이기는 힘이 전혀 우리의 힘으로 되는 것은 아닙니다.

우리는 믿고 뒤로 물러서지 않고 전진만 하면 하나님이 우리에게 필요한 힘과 지혜와 용기와 밝은 눈을 주시게 되는 것입니다.

그러니까 신앙생활이란 하나님과 나와 합작해서 향상하는 거룩한 생활이라 말할 수 있는 것입니다.

"성령이 말할 수 없는 탄식으로 우리를 위해 기도해 주신다"(롬 8:26)고 하셨고, "예수님도 우리를 위해 기도로 도와주신다"(롬 8:34)고 말씀해 주셨습니다.

이렇게 참고 이김으로 천국의 축복을 주신다고 하셨습니다. 천국에 대해서는 제일 첫번 교훈에서 해설해 드렸습니다. 이렇게 해서 여덟 가지의 예수님이 가르쳐 주신 축복을 설명했습니다.

그렇지만 그대로 복종치 않으면 하나의 지나가는 바람을 잡는데 불과합니다.

35
아브라함보다 내가 먼저 있다

【말씀】 "예수께서 가라사대 진실로 진실로 너희에게 이르노니 아브라함이 나기 전부터 내가 있느니라"(요 8:58)

 교화

아브라함은 예수님 탄생하기 약 2천 년 전에 세상에 탄생한 이스라엘의 선조입니다. 마태복음 첫장 첫머리에도 "아브라함과 다윗의 자손 예수 그리스도의 세계라"고 말씀하셨습니다.

그러니까 성경 첫머리의 말씀을 보면 예수님은 아브라함의 자손임이 틀림없습니다.

그런데 어떻게 예수님은 "아브라함보다 먼저 계셨다"고 말을 하셨을까요? 매우 귀중한 것을 나는 여기에 설명하겠습니다.

① 예수님은 함께 계셨던 하나님의 독생자이십니다(요 1:18).

② 예수님은 하나님과 함께 계시면서 하나님과 함께 세상을 창조하신 분입니다(골 1:16).

③ 그러니까 예수님은 본래 사람이 아니고 신이었습니다. 하나님과 똑같은 신성을 가진 분이었습니다(요 1:18).

④ 그런데 하나님께서 창조하신 이 세상에 죄악이 들어와서 하나님이 주신 사랑, 기쁨, 평화, 영생의 세상을 모두 변질시켜 놓았습니다.

그러므로 이 세상은 슬픔, 고통, 죽음, 죄악이 주관하는 지옥으로 변해 버렸습니다. 하나님은 이 세상을 일컬어 흑암의 세상, 사망의 세상(마 4:15, 16)으로 보시고 슬퍼하셨습니다.

⑤ 그러므로 이 사망의 세상, 흑암의 세상을 구원하시려고 하나님은 예수님을 세상에 보내셨습니다.

⑥ 그 보내신 과정이 이러합니다.

세상을 창조하신 분이며 신이신 예수님을 마리아를 통해서 태어나게 하셨습니다. 그것은 육신으로 된 것이 아니라 성령으로 마리아의 태아가 되게 하신 것입니다(마 1:20).

그후 10달 동안 마리아의 뱃속에서 자라 보통 사람의 아이가 해산하듯 예수님도 그런 해산의 법칙을 따라 이 세상에 탄생하셨습니다. 그래서 예수님은 인성을 포함하게 되었습니다. 그러기 때문에 예수님은 하나님의 아들로서 신성도과 인성을 겸비한 분이십니다.

⑦ 그러므로 예수님은 그 능력이 인간을 초월합니다. 신이신 고로 그렇습니다. 그래서 예수님은 병을 고치셨습니다(마 4:24). 떡 다섯 개와 물고기 두 마리로 5천명을 배불리 먹이셨습니다(마 14:19).

물로 포도주를 만드셨습니다(요 2:9).

죽은 사람을 살리셨습니다(눅 7:2).

풍랑을 잔잔케 하셨습니다(마 8:26).

앉은뱅이와 소경, 벙어리를 고쳤습니다(마 15:30).

그 밖에도 예수님의 초능력이 세상에 많이 나타났습니다.

⑧ 예수님은 그의 생명을 사람들이 어떻게 못합니다.

나는 죽을 수도 있고 살 수도 있다고 말씀하셨습니다(요 10:18).

⑨ 예수님은 이 세상의 주인이십니다.

"그가 자기 땅에 오매 자기 백성이 영접지 아니하였으나"라고 말씀하셨습니다(요 1:11).

⑩ 예수님이 세상에 오셔서 처음 하신 일이 죄인을 용서하신 일입니다.

⑪ 그 다음에 용서 받고 새사람이 되게 하는 교훈을 사람들에게

주셨습니다.

⑫ 이 교훈을 따라 예수를 바로 알게 되고, 하나님을 바로 알게 되고, 성령을 받게 됩니다.

⑬ 예수님께 와서 믿고, 순종하고, 행하므로 잃어 버렸던 하나님의 형상을 도로 찾게 됩니다. 그때부터 하나님의 아들이 됩니다.

⑭ 하나님의 자녀가 되면 그때부터 마음이 천국이 되고, 가정이 천국이 됩니다.

⑮ 이 세상이 천국이 되며, 또 하늘의 천국을 가질 수 있는 권리를 얻게 되는 것입니다.

⑯ 예수님은 죄인들을 용서하시고 새사람이 되게 하십니다.

⑰ 예수님이 주시는 축복은 이렇듯 변화된 자녀가 되는 것입니다. 변화가 없으면 축복이라 할 수 없습니다.

병든 사람이 건강을 되찾고, 슬픈 사람이 기쁜 사람으로 변화합니다. 욕심 많아 범죄를 하던 사람이 사랑의 사람이 되어 남을 자기처럼 돕고 아끼고 봉사하게 되는 것입니다. 죽어 땅 속에 없어질 사람의 그 영혼이 천국에 가서 영생을 누릴 수 있습니다.

악한 것이 선한 것으로 변화, 이런 인생의 역사는 오직 인성이시며 신성이신 예수님만 할 수 있는 것입니다. 그런고로 사람들은 이 예수를 반드시 믿어야 합니다.

세상을 지으신 분이요, 주관자요, 구원자요, 영의 아버지요, 우리의 생명과 호흡을 주신 분인고로 반드시 믿어야 합니다. 마치 부모를 섬겨야 하고 안 섬기면 죄가 됩니다. 이와 같이 하나님을 믿어야지 안 믿으면 내가 멸망케 되는 법입니다.

그래서 예수님은 포도나무로 비유를 하였습니다.

"나는 포도나무요 너희는 가지니 …… 사람이 내 안에 거하지 아니하면 가지처럼 밖에 버리워 말라지나니 사람들이 이것을 모아다가 불에 던져 사르느니라"(요 15:5, 6)

36
제자의 발을 씻다

"이에 대야에 물을 담아 제자들의 발을 씻기시고 그 두르신 수건으로 씻기기를 시작하여"(요 13:5)

 교화

예수님은 어떤 날 전도를 마치시고 돌아와서 제자들과 함께 저녁 식사를 마치셨습니다. 그리고 조금 누워 쉬시다가 얼른 일어나 제자들을 부르셨습니다.

"내가 무슨 일을 하려는데 이 집에서 대야를 좀 빌려오시오."

이렇게 한 제자에게 부탁을 하였습니다.

제자는 예수님 말씀대로 나가더니 곧 들고 들어왔습니다. 예수님은 그 대야를 받아들고 밖으로 나가시더니 우물에 가서 깨끗한 물을 한 대야 담아 가지고 마루에 놓았습니다. 그리고 방으로 들어오시더니 제자들을 둘러 보십니다.

"여러분 내가 오늘 여러분의 발을 닦아 주겠소."

제자들은 이상하게 생각되었습니다.

"우리가 예수님의 발을 닦아야 할 터인데, 반대로 예수님이 우리들의 발을 닦는다는 것은 안 될 일이야!"

이구동성으로 이렇게 모두 수근거립니다. 벌써 예수님은 그러는 동안에 밖에 나가서 방안 제자들이 있는 곳을 쳐다 보고 있습니다.

"얼른 나오시오. 속히 주저하지 말고 나오시오!"
부드러운 목소리로 독촉을 하십니다.
제자들은 밖으로 나와 한 명씩 예수님께 발을 내밉니다.
예수님은 제자들의 발을 정성들여 닦습니다. 맨 나중에 베드로 차례가 되었습니다. 베드로는 무엇이든 열심과 앞장서기를 좋아하는 성격입니다. 그런데 발 닦는 일에는 제일 마지막에 서게 되었습니다.
"제 발은 못 닦습니다."
베드로는 예수님 가까이 서서 이렇게 말씀드렸습니다.
"왜 그런 말을 하느냐. 얼른 발을 앞으로 내미시오."
예수님은 베드로의 얼굴을 쳐다보며 말했습니다.
"선생님께서 제자의 발을 씻기는 것은 도의적으로 보나 사제 지간의 의로 보나 절대로 있을 수 없는 일입니다."
베드로는 예수님 앞에서 조금더 멀리 떨어져 발길을 옮기면서 말했습니다.
"그리하면 당신과 나는 상관이 없습니다. 나의 말과 나의 마음과 나의 사랑을 받지 않으면 당신과 나는 상관이 없습니다. 얼른 발을 내미시오."
예수님은 정중한 태도로 베드로에게 말씀합니다.
"예수님, 그렇다면 내 발 뿐 아니라 손과 머리도 씻어 주세요!" 하고 베드로는 가까이 다가섰습니다.
예수님은 베드로의 발도 잘 닦아 주었습니다. 그리고 다시 제자들을 한자리에 모으셨습니다.
"여러분 이상히 여기지 마시오. 내가 너희들에게 봉사한 이 일을 본받아 매일 서로서로 발을 닦아 주어 봉사의 상을 받기 바랍니다. 우리는 봉사의 종들입니다. 우리의 생명도 봉사입니다. 우리에게 만일 봉사가 없다면 죽은 무리요, 소용이 없습니다. 나는 많은 무리들을 위해 또 당신들을 위해 목숨까지 희생하는 책임을 지고 왔습니다.

예수님은 이마에 땀을 닦으며 정중하게 말씀하셨습니다.

여기서 예수님께서 우리들에게 주시고 싶어 하시는 중요한 교훈을 여러분에게 소개하려 합니다.

봉사하라는 것입니다.

봉사하는 데는 몇 가지 종류가 있습니다.

높은 이에게 봉사, 낮은 이에게 봉사, 친구에게 봉사, 임시 봉사, 영원 봉사, 물질 봉사, 힘의 봉사, 형식 봉사, 진실 봉사 등입니다. 이중에서 제일 쉬운 봉사는 높은 이에게 하는 봉사, 임시 봉사, 형식 봉사입니다.

그렇지만 낮은 이에게 하는 봉사, 영원 봉사, 물질 봉사, 진실 봉사 등은 힘이 드는 어려운 봉사요 큰 상을 얻는 봉사입니다.

우리는 어려운 봉사, 많은 상을 받는 봉사, 영원한 봉사를 해야 되겠습니다.

지금까지 위대하다는 사람들은 모두 어려운 봉사를 많이 한 분들입니다.

예수님은 어려운 봉사를 많이 하셨습니다.

① 제자들의 더러운 발을 씻어 주었습니다.

② 가난한 사람들의 병을 거저 고쳐 주셨습니다.

③ 큰 범죄자들의 죄를 용서하시고, 마음의 파도처럼 물결치는 고통을 진정시켜 주셨습니다.

④ 가난과 과부와 고아들의 눈물과 슬픔을 위로해 주셨습니다.

⑤ 권세자들에게 억눌려 슬픔과 아픔과 절망에서 우는 불쌍한 사람 편에 가담하여 함께 울며 울부짖으며 위로와 크신 용기를 주었습니다.

사람들의 삶의 목적은 얻는 것, 모으는 것, 높은 명예를 얻는 것 등입니다. 그러나 예수님의 삶의 목적과 삶의 참 진리를 교훈하신 것은 내 피를 주는 것, 내 생명을 바치는 것, 내 재물을 헌금하는 것,

남 때문에 내가 손해를 받는 것 등입니다.
　세상 사람들의 성공은 많은 이름을 널리 펼친 것, 많은 소유가 있는 것, 많은 지식을 쌓은 것 등인데, 예수님은 그와는 정반대입니다.
　무엇이나 이웃을 위해, 동족을 위해서 많이 봉사한 것입니다.
　예수님은 그런 의미에서 포도나무 비유를 들어 우리에게 교훈하셨습니다.
　① 포도나무는 열매를 많이 맺는 것이 주인에게 봉사하는 것입니다.
　② 맛이 있는 열매를 많이 맺은 것에 그 포도나무의 가치가 올라갑니다.
　프랑스의 의사 비넷(Binet, 1857-1911)이란 사람은 많은 돈을 보았습니다. 그는 돈을 어떻게 해야 값있게 쓸 수 있을까? 걱정을 하다가 목사님을 찾아가서 물었습니다.
　목사님은 일주일간 기도를 한 후에 비넷 의사를 불러서 대답해 주었습니다.
　"당신 수입의 10분의 2를 교회에 바쳐서 교회 이름으로 사회에 봉사하게 하고, 10분의 2는 사회 기관에 내서 극빈자들에게 봉사하게 하고, 10분의 2는 자손의 이름으로 봉사하도록 맡기시오. 결국 모두 10분의 6이 사회 봉사와 구제로 사용케 되는 셈이 됩니다."
　목사님께서 일러 주는 대로 복종하였습니다. 그럴수록 병원은 점점 많은 환자들이 몰려 왔습니다. 그러자 5년 안에 직원이 800명이나 되는 큰 병원이 되었습니다. 그는 69세에 세상을 떠났습니다. 그는 떠나기 전에 아동 심리학 등의 책도 저술하여 교육계에도 많은 공헌을 했습니다. 그가 죽은 무덤 비문에 이런 글이 쓰여 있습니다.
　"좋은 마음 위에 많은 지식과 재물과 기술을 쌓아 올려라. 크게 성공했다는 것은 크게 봉사한 비례에 달려 있다. 좋은 마음 위에 많은 봉사의 황금탑을 쌓아 올릴 수 있다. 참 애국을 한다는 사람은 많은 봉사를 한다는 것과 일맥 상통하는 사람이니라."

37
여우도 굴이 있고

"여우도 굴이 있고 공중의 새도 집이 있으되 인자는 머리 둘 곳이 없도다"(눅 9:58)

교화

예수님께서 어느날 전도를 마치시고 잠깐 물을 마시며 쉬고 있는데, 어떤 신자 한 사람이 예수님 앞에 가까이 와서 고개를 숙이고 허리를 숙여 인사를 하더니 이런 부탁을 하는 것입니다.

"선생님의 말씀을 들으니 매우 감명이 깊습니다. 제가 오늘까지 뭘 좀 해 보려고 많은 노력을 해 봤으나 다 허사로 돌아갔습니다. 오늘 저는 깨달았습니다. 그리고 결심을 하였습니다. 오늘부터 예수님만 따라 다니겠습니다."

예수님은 그 신사가 하는 부탁을 들으시고 조금 고개를 숙여 생각을 하셨습니다. 잠시 후, 고개를 드시고 벙긋이 웃으시며 대답을 하십니다.

"예, 선생, 좋은 생각을 하셨습니다. 그런데 목적을 바로 세우고 각오를 하고 나를 따라야 합니다. 알겠습니까?"

"예, 각오가 되어 있습니다. 옳은 말씀입니다. 내가 오늘까지 살아온 것은 아주 바람잡이고 구름잡이 격이라 생각합니다. 예수님을 따라 좋은 글도 배우고 보람 있는 인생탑을 조심히 세워 보렵니다."

신사는 너무도 겸손스럽게 허리를 여러 번 굽실거리며, 이렇게 대답을 합니다.

예수님은 신사의 태도에 깊은 동정이 갔습니다. 바로 살아보겠다고 보람있는 인생탑을 조심히 쌓아 올리겠다는데 감동을 하셨습니다.

그래서 예수님은 정중한 어조로 대답과 각성을 주셨습니다.

"그런데 나를 따르려는 데는 먼저 각오해야 할 것이 있습니다. 여우도 굴이 있고 공중의 새도 집이 있습니다. 그런데 나는 베개 하나 없는 가난뱅이올시다. 아시겠습니까?"

이 소리를 듣고 있던 신사는 무슨 생각이 떠오르는가 봅니다. "후-"하고 고개를 하늘로 쳐들고 한숨을 쉽니다. 그리고 다시 고개를 깊숙이 숙여 땅만 내려다 봅니다.

예수님은 다시 신사의 태도를 보시고 또 한 마디 일러 주십니다.

"밭을 가는 농부가 자기 쟁기를 잡고는 앞만 바라 봐야지 뒤를 돌아보면 안 됩니다. 내가 목적하는 하늘 나라의 기술자로서는 합당치 않습니다."

신사는 예수님께서 정중하게 일러 주시는 교훈에 두 눈만 껌뻑거리며 고개를 끄덕거리다가 무거운 입을 열어 대답을 하였습니다.

"알아들었습니다. 집으로 돌아가서 우리 부부가 생각을 한 후에 다시 선생님을 찾아 뵙겠습니다."

그리고 천천히 일어서서 다시 깊이 허리를 숙여 인사를 하고 집으로 돌아갔습니다.

나는 예수님께서 신사와 대화를 나눈 것 중에서 제일 귀하다는 예수님의 교훈의 내용을 들어 여러분에게 소개하고 서로 유익과 은혜를 받고자 합니다.

① 예수님은 복음을 뿌려 주는 것.
② 그래서 먼저 잃어 버린 인격을 속히 찾아 주는 것.
③ 세상의 재물이나 세상의 쾌락을 얻기 위한 계획은 추호도 없다

는 것 등입니다.

1. 예수는 복음의 사자

복음은 복된 소식이란 뜻입니다. 근본 하나님이 지어 주신 거룩하고 고상한 세상은 다 썩었습니다. 마치 생선이 썩어서 버리게 된 것처럼 천국으로 만들어진 세상은 썩었습니다. 그래서 향기로운 맛이 없고 추한 냄새만 납니다. 그것은 죄악이 작용하기 때문입니다.

그래서 예수님은 이것을 복구하여 향기로운 옛 천국을 회복하려 그 크신 목적으로 오셨습니다. 항상 예수님 머리에는 그런 목적을 이룩하려는데 필요한 연구만 하고 계십니다.

그래서 예수님 첫 설교가 "회개하라 천국이 가까왔느니라"(마 4:17)고 하셨습니다. 그 약이 곧 복음입니다.

2. 잃었던 인격을 도로 찾는 것

죄 때문에 사람들은 사람다운 인격을 잃고 모두 짐승처럼 악한 욕심에만 잠겼습니다. 그래서 선지자들은 세상을 사막으로 보았습니다(렘 50:12). 또 사람들은 짐승으로 보았습니다.

"너희 대적 마귀가 우는 사자같이 두루 다니며 삼킬 자를 찾나니"(벧전 5:8)고 하셨습니다.

오늘날 이 세상에 나타나는 기사들 중 사람을 개구리 죽이듯 쉽게 죽이고, 개미를 밟아 죽이듯 밟아 죽이는 일을 많이 볼 수 있습니다. 그것들을 볼 때에 어찌 인격이라 볼 수 있겠습니까?

이런 비인격이 모인 세상은 마치 깊은 산중의 정글처럼 생각이 듭니다. 사자굴처럼 생각이 듭니다.

이런 비인격들을 참 인격으로 고쳐 주시려고 예수는 오셨습니다. 정말로 예수를 믿으므로 그런 놀라운 변화의 이적이 나타납니다.

김성근 전도사가 있었습니다. 그는 정말 짐승같은 존재였습니다.

그러나 예수님을 믿은 후, 그는 양심이 변화되고 마음이 변화되고 생활이 변화되어 정말 진실한 인격, 하나님의 겸손하고 온유한 아들이 되었습니다.

보통 사람들은 오늘날 이적을 신기하게 여기고 또 추구하고 있습니다. 그러나 이적 중에 최고의 이적은 '인간 변화' 입니다. 사람은 사람을 도저히 변화시킬 수 없습니다. 오직 예수님만이 그런 변화의 역사를 행할 수 있는 것입니다.

3. 세상의 쾌락이나 재물을 얻기 위한 생각은 추호도 없습니다.

예수님께 몸 바쳐 봉사한다는 이름을 걸고 그 목적은 예수님과 상통하지 않는 자가 있습니다.

권세를 얻어 보려는 꿈, 부자가 되어 보려는 꿈, 위대한 세상의 지도자가 되려는 꿈, 예수님처럼 이적을 행해 많은 사람에게 인기를 독차지하려는 꿈 등 세상적인 욕심으로 믿고 따른다는 것입니다.

그런 것을 아시고 예수님을 찾아 온 신사에게 대답해 주신 것이 오늘 이 시간의 교훈입니다.

오늘날 세상은 정말 사자가 득실거리고 있는 사막이요, 정글입니다. 이런 마당에 우리가 먼저 해야 할 일이 무엇이겠습니까? 먹을 것? 입을 것? 마실 것? 아닙니다. 모두 다 필요한 것입니다. 그렇지만 급선무는 아닙니다.

① 사자같은 양심 잃은 비인격을 속히 참 양심을 되찾은 바른 인격입니다.

② 바른 인격을 찾는 길은 지식도, 권세도, 기술도, 무기도, 과학의 힘도 아닙니다.

③ 오직 예수님이 역사하시는 성령으로 하여금 이룩되는 새사람의 축복일 뿐입니다.

예수님은 신이십니다. 또 사람이십니다. 그래서 크신 초인간적 능력으로 엄청난 이적을 행하실 수 있습니다.

　예수님의 크고 신기한 능력으로 세상의 썩은 해골들이 삽시간에 생동하는 사람으로 만드실 수 있습니다.

　그러나 예수님은 그런 세상의 욕심은 추호도 없습니다.

　'오직 한 가지 마음, 짐승같은 비인격을 참 인격자로 개조하는 역사' 이것만이 예수님이 세상에 오신 목적입니다.

38
가시 면류관

【말씀】 "군병들이 가시로 면류관을 엮어 그의 머리에 씌우고 자색옷을 입히고"(요 19:2)

 교 화

군인들이 무서운 가시나무를 꺾어다 가시 면류관을 만들었습니다. 온통 가시가 삐죽삐죽 나와서 살에 닿기가 무섭게 찔려 붉은 피가 쏟아져 나옵니다. 가시관은 세상에서 제일 악하다고 재판장이 판결한 자에게 씌웁니다.

창세 이후에 가시관을 쓴 죄수는 한 사람도 없습니다. 그런 가시관을 예수님이 쓰게 되었습니다.

황금 면류관, 보석 면류관을 열개 써도 부족할 예수님, 거룩한 머리 위에 가시 면류관을 왜 씌웠을까요?

사탄의 역사와 하나님의 역사가 다른 점이 여기에 있습니다. 여기 빨간 꽃이 있습니다. 그런데 사탄은 흰꽃이라 하고, 하나님은 빨간 꽃이라 합니다.

여기 봉사를 많이 한 위인이 있습니다. 사탄은 이 사람을 살인 강도라 말하고, 하나님은 훌륭한 봉사자라 보석 면류관을 줍니다.

하나님의 세력은 사탄의 세력에 비교할 수 없으리만큼 절대 강하지만 사람들이 너무 악해서 잠깐 사탄의 손에 사람들을 맡겨 놓았습니다.
그러므로 이런 세상에서 좋은 일을 많이 했으니 큰 상을 받아야 하겠다는 소망은 잘못된 생각입니다.
여기 갑이라는 사람이 있습니다. 많은 사람들이 이 사람을 손가락질 합니다. 그렇다고 그들과 같이 갑을 나쁜 사람으로 간주할 수는 없습니다.
여기 을이라는 청년이 있습니다. 이 청년을 좋은 사람이라고 많은 사람들이 높여 줍니다. 그렇다고 그들과 같이 그 청년을 좋은 사람이라고 믿을 수 없습니다.
바울 사도는 말씀하셨습니다.
"의인은 없나니 하나도 없으며"(롬 3:10).
모두 죄인이라 했으니 죄의 눈은 판단력이 바르지 못하고, 그 귀의 판단력도 빠르지 못하고, 그 생각도 바르지 못합니다.
그렇기 때문에 인생 생활에 가장 지혜있는 처사는 예수님 말씀 표준, 예수님 말씀 복종, 예수님 중심 생활, 죽어도 그리스도, 살아도 그리스도만 높이는 생활을 하는 일입니다.
예수님은 억울하게 십자가에 죽으면서 운명 전에 하신 말씀을 우리는 듣고 본받아야 합니다.
"다 이루었다"(요 19:30).
보통 사람이 볼 때 예수는 크게 실패한 사람이라고 볼 수 있습니다. 그러나 예수님의 성공이란 많은 소득이 있는 것이 아닙니다. 하던 일을 다한 데서 성공도 아닙니다. 자기의 뜻한 바 계획이 다 이루어졌다는 것입니다. 있는 만큼, 아는 만큼, 가진 만큼 충성으로 역사를 계속하였다면 그것이 예수님이 옳게 보시는 성공인 것입니다.
박서방이 가난뱅이의 아들로 태어나서 아버지가 별세하자, 농촌에서 아버지가 하던 배추 농사를 대를 이어 받았습니다.
박서방 역시 아버지한테 이어 받은 배추 농사 그것으로 역시 일생을 마쳤습니다. 그걸로 아들, 딸 먹여 살리노라 애썼습니다. 그가 사는 집은 아버지한테 물려 받은 초가 삼간 뿐입니다. 땅이라고는 채소를 심는 밭 5천평 뿐입니다.

옛날과 오늘, 조금도 나아진 것이 없습니다. 나아졌다는 것은 식구가 늘어 손자, 손녀, 며느리 이렇게 해서 가족수가 늘었다는 것 뿐입니다. 그의 유산이란 옛날 물려받은 것 그것 뿐입니다. 그는 죽었습니다.

사람 편에서 볼 때는 실패입니다. 그렇지만 하나님 편에서나 예수님 편에서 볼 때는 크게 성공하였습니다.

왜 그럴까요? 자기가 뜻한 바야 좋건 나쁘건 간에 있는 만큼, 가진 만큼, 미치는 만큼 죽도록 다 쏟아 놓았기 때문입니다.

목수의 아들 가난뱅이가 자수 성가로 큰 회사의 사장이 됐다는데 성공한 사람은 아닙니다.

남의 직장에서 제일 낮은 천한 심부름이나 하던 사람이 운이 좋아서 공장장이 되었데서 성공한 사람은 아닙니다.

'성공은 있는 만큼 다 바쳐 일생을 살았다' 는 것이 대성공입니다.

예수님 편에서 보시는 성공은 이것입니다. 예루살렘 성전은 46년만에 준공이 되었다고 합니다. 준공 이후 표창식을 하는데 최우수상을 받은 이는 가난하고, 무식하고, 말 못하고, 배경도, 친지도 모르고 살아온 마부였습니다.

그 마부는 어떤 사람이었을까요?

그가 표창을 받을 만한 실력은 무엇일까요?

① 마부는 가난합니다.

② 좋은 생각도 못하는 바보같은 사람입니다.

③ 죽도록 마차를 몰고 이스라엘 성전의 건축을 위해 봉사하였습니다.

④ 성전 건축하기 위해 많은 짐승과 사람들이 성전터에 왕래합니다.

⑤ 사람이 많이 왕래하는 큰 길 앞에 자리를 잡고 건축을 위해, 일

하는 사람들을 위해 냉수를 길어다 놓고 그 통에다 빈 그릇 하나를 밤낮으로 놓아 두었다는 것입니다.

⑥ 일하는 사람들이나 말들에게 냉수를 무료로 주었다는 것입니다.

⑦ 이 농민의 밑천은 이것 뿐입니다. 이 밑천을 있는 만큼 바쳤습니다. 성전이 준공되는 날까지, 있는 만큼, 가진 만큼 다 충성했다는 것입니다.

⑧ 그래서 준공식 때 표창을 주었는데, 이 마부가 제일 귀한 표창장을 받았다는 것입니다.

이 세상은 어디까지나 하나님의 세상입니다. 고로 하나님 마음에 드는 생활을 해야 합니다. 그것이 지혜있는 생활입니다.

예수님은 가시관을 썼습니다. 사람으로서는 실패의 관이요, 증거입니다. 그러나 하나님 앞에는 제일 값진 보석 면류관입니다. 바울사도도 자기가 가졌던 지식, 재물, 권세를 모두 바쳤습니다. 사람 편에서 볼 때는 바보가 되었습니다. 미련한 사람이 되었습니다.

그러나 그는 예수 그리스도를 아는 지식이 더욱 고상하기 때문에 그렇게 버렸으니 하나님 편에서 볼 때는 대승리요, 천사들의 대환영을 받을 만한 일입니다.

빅토리아(Victoria, 1819-1901) 영국의 여왕은 주일날 대장의 비서가 찾아왔습니다. 그래도 면회를 안 했습니다.

대장은 무슨 노하신 일이 있으시나 크게 염려가 되어 아픈 다리를 끌고 빅토리아 여왕을 직접 찾았습니다. 그래도 빅토리아 여왕은 면회 사절이라 밖에 써 붙이고는 대장도 면회를 하지 않았습니다. 대장은 집으로 돌아와 다음날 아침 빅토리아 여왕을 찾아왔습니다.

"어제는 죄송했습니다. 주일날은 아무리 급한 일이 있어도 하나님께 예배하는 날인고로 면회를 안 합니다. 무슨 급한 일이 있었습니까?"

빅토리아 여왕은 대왕께 물었습니다. 그때는 크림전쟁으로 모든 군인들이 긴장ㄷ하고 있던 때입니다.

"예, 작전 참모가 급환으로 호흡이 끊어질 지경이였습니다. 그래서 키보니어 중장을 작전 참모로 교체하려고 왕께 찾아왔던 길입니다."

대장은 겸손히 대답했습니다.

"당신은 작전 참모의 교체가 급한 줄로 생각됩니까? 아니요. 전쟁의 승패는 첫째, 하나님 마음에 달려 있습니다. 그러기 때문에 하나님께 예배하는 일이 그보다 더 시급한 일입니다."

빅토리아 여왕은 정중히 대답을 하고는 "그러면 어떻게 됐습니까?"

왕은 다시 물었습니까?

"예, 전황은 그대로입니다."

대장은 대답하였습니다.

"그렇습니다. 급하다고 전후를 왜곡하면 우리에게 더 큰 손해가 된다는 점을 알아야 합니다. 먼저 하나님께 예배하여 하나님의 마음을 사는 것이요, 둘째는 그 다음 작전에 주력을 해야 합니다."

빅토리아 여왕은 매사에 하나님 말씀 중심으로 살아 대승리를 거두었습니다.

39
가시채를 뒷발질 말라

【말씀】 "사울아 사울아 네가 어찌하여 나를 핍박하느냐 가시채를 뒷발질하기가 네게 고생이니라"(행 26:14)

교화

사울은 지식이 많고 권세가 많고 돈이 많은 사람이었습니다. 그는 권세를 악용하여 많은 신자를 죽였습니다. 그는 매우 불쌍하고 또 어리석은 사람입니다. 그 많은 지식과 그 많은 권세와 돈을 선용하면 많은 사람들을 구제할 수 있는데, 하나님 앞에 큰 벌을 면치 못할 일만 하니 참으로 불쌍하고 어리석은 사람입니다.

오늘도 공문을 받아 가지고 저 다메섹에 사는 신자들을 잡으러 가던 중입니다. 예수님은 더이상 그의 악한 행동을 볼 수 없었습니다. 그래서 사울이 다메섹 근방 언덕길을 넘기 직전에 예수님은 하늘에서 강한 빛을 총알처럼 내려 보냈습니다. 사울은 무서워 온몸을 떨면서 하늘을 쳐다보았습니다. 사울은 땅에 쓰러져 엎드러졌습니다. 이때, 하늘에서 큰 소리가 들려왔습니다.

"사울아! 사울아! 네가 어찌하여 나를 핍박하느냐? 가시채를 뒷발질하기가 네게 고생이니라."

사울은 이 소리를 듣고 얼른 입을 열어 물었습니다.

"당신은 누구십니까?"

"나는 네가 핍박하는 예수라! 사단의 권세에서 하나님께로 돌아가게 하고, 죄사함과 나를 믿어 거룩케 된 무리 가운데서 기업을 얻게 하리라"

사도행전 26장 16절에서 18절에 예수님은 분명한 어조로 말씀하셨습니다. 이 예수님은 죽었다가 삼일 만에 다시 부활하신 후 40일간 다시 제자들과 동역하시다가 승천하셔서 하늘 보좌에 앉아 계십니다. 그후 예수님은 성령을 보내시어 역시 복음 전도를 하셨는데, 사울의 악행을 보고 이렇게 공중에 내려 오셔서 사울을 부르신 것입니다.

사울을 부르신 것 뿐 아니라 사울을 택하시어 당신의 복음 전도의 종으로 삼으시려고 놀라운 역사를 하십니다.

사울이 일어서서 눈을 떠 보니 눈앞이 캄캄해졌습니다. 아무리 손으로 눈을 비비고 떠 봐야 확실히 눈이 안 보입니다. 사울은 두려운 생각이 들었습니다. 같이 가던 일행들의 손에 붙잡혀 다메섹 성 안으로 옮겼습니다.

사울은 만 삼일간 먹지도, 보지도, 자지도 못하고 고생을 하며 걱정만 하였습니다. 그러다가 사일째 되던 날, 아나니아라는 주의 제자의 안수를 받고서야 시력과 건강을 되찾고 식사를 하게 되었습니다. 그후 하나님의 특별한 훈련을 받고 위대한 예수님의 사도가 된 것입니다.

여기서 몇 가지 귀한 진리를 찾아 은혜받을까 합니다.

① 가시채를 뒷발질하지 말라.
② 하나님은 마음을 고쳐 위대한 종으로 만드신다.

우리 한국 속담에 '계란으로 바위를 친다'는 말이 있습니다. 계란으로 바위를 치면 계란이 깨져 못쓰게 됩니다.

이와 같이 사울이 가시채에 뒷발질을 하였습니다. 그 조그만 권세, 지식, 돈으로 예수 믿는 착한 사람들을 옥에 가두고 죽이고 때리고 하였습니다.
　그렇지만 그것은 모두 자기에게 손해가 될 뿐입니다.
　선한 사람들을 죽이고 때려서, 또 옥에 가두어 자기의 마음을 시원케 하려 했지만 그렇게 악행을 하므로 자기의 양심, 마음, 정신, 자기와 자기의 장래는 아주 썩고 망하고 버림받고 불행케 되는 줄 몰랐습니다.
　온양 온천에 백훈이란 사람이 있었습니다. 그는 6.25 동란이 일어나자 돌변하여 온천리 공산당 두목이 되었습니다. 그는 교회에서 권사직까지 받았던 사람입니다. '교회 안에 이승만 지지자는 다 색출해서 죽인다'고 호언하면서 정말 그렇게 색출해서 투옥하였습니다. 허리에 권총 하나 얻어 차고 어깨를 높이고 으스댑니다.
　그렇지만 교회 목사님이 무시로 영육간에 불쌍하게 변질이 된 성도 집을 심방하였습니다. 하루는 오후 4시쯤 되었을 때, 목사님께서 백훈 씨 집에 심방을 갔습니다.
　그의 집에 가까이 이르렀을 때, 큼직한 나무 대문이 닫는 소리가 들렸습니다. 목사님은 짐작했습니다.
　"오, 목사가 심방을 가니 보기 싫다고 대문을 닫는구나!"
　그렇지만 목사님은 실망하지 않고 그의 집 대문을 두르렸습니다.
　"멍멍"
　개가 짖습니다.
　조금 있으니 할머니가 나와 대문 안에 서서 묻습니다.
　"거 누구세요?"
　"예, 교회 목사입니다."
　목사님은 부드러운 음성으로 대답하였습니다.
　"예, 목사님 오셨습니까? 우리 아이들이 하나도 없구요. 나는 신경통으로 허리가 아파서 누웠다가 겨우 나왔습니다."
　그리고는 "목사님 어서 가세요. 이제 우리 집에 목사님이 필요없습니다."라고 대답하는 것이었습니다.

"예, 알겠습니다."

목사님은 대문 밖에서 인사를 하고 그만 돌아왔습니다. 그토록 사람의 마음이 변했습니다. 앓을 때, 추도식 때, 생일 때, 입원했을 때 어려운 일이 닥쳤을 때, 제일 먼저 목사님을 찾아와서 기도요, 축도요, 안수요 부탁하며 애원하던 사람이 공산당의 앞장이가 된 것은 너무도 가증스러운 일입니다.

"우리 집에는 산 호랑이 눈썹 빼고는 다 있다"고 그 아이들이나 할머니가 자랑을 하며 살고 있다는 것입니다. 참으로 내일을 모르는 무지한 인간들입니다.

그렇게도 남의 가슴에 못을 박고, 그렇게도 남의 눈에서 눈물을 짜내는 그 사람이 어쩌면 내일의 일을 모르고 기뻐할까요?

공산당은 물러갔습니다. 천리만리 도망쳤습니다. 이제 백훈이란 권사 그 사람의 모습은 볼래야 볼 수가 없습니다. 아마 인민군이 후퇴할 때에 함께 어울려서 이북으로 갔나 봅니다.

그런데 그에게는 8남매의 자녀들이 있었습니다. 딸 일곱에, 막내 아들이 하나인데 이제 4살입니다. 아들을 본다고 낳고 낳고 한 것이 딸 7공주를 낳고 마지막에 아들을 낳았습니다. 아들은 금이야 옥이야 사랑을 받으며 키우고 있었습니다.

그는 이북으로 도망가고, 부인과 8남매의 어린 자녀만 그 집에서 지냈습니다.

우리 아군이 다시 온천에 들어와 탈환을 한 후, 제일 먼저 숙청 작업을 한 대상이 인민군에 들어서 부역한 사람들이었습니다. 백훈 씨의 가족들도 잡혔습니다. 아군들이 백훈 씨 집에 가서 부인과 8남매 모두 9명을 묶어서 끌고 송악산 꼭대기에 올라갔습니다. "탕탕탕탕" 이렇게 18발을 쏘았다는 것입니다.

'가시채를 뒷발질 말라!'는 예수님의 말씀은 이런 일을 두고 하신 진리입니다.

"의로운 사람을 치면 너와 또 네 가정에 화가 미친다."

이스라엘은 무죄자 예수를 십자가에 죽였습니다. 높은 이들의 명령에 따라 무죄를 유죄로 만들어 억울하게 죽였습니다. 그때에 빌라도 재판장은 말했습니다.

"내 생각과 나 보기에 예수는 아무 죄가 없습니다."

이 말을 듣고 권세자들은 "죽일 죄가 있다. 그러니 예수를 석방하는 날에는 비국민이요, 민란이 일어난다."고 발악하였습니다.

빌라도는 또 "죄 없는 자의 피를 흘리면 그 피의 대가를 받는데 각오합니까?"라고 반문하였습니다. 이때에 고관들, 집권자들은 소리지르며 빌라도에게 폭언을 합니다.

"그렇다. 그 피의 대가를 우리와 우리의 자손들이 받겠다. 속히 사형수로 판결을 내려라!"

빌라도는 그들 말대로 유죄 판결을 내리고 예수님을 내어 주었습니다.

그런데 독일의 히틀러 시대에 와서 이스라엘 민족 600만이 몇 일 동안에 모두 학살을 당하였습니다.

'우리와 자손들이 그 피의 대가를 받겠다!'는 그 맹세 그대로 이루어졌습니다.

가시채에 뒷발질을 한 이스라엘은 예수님의 말씀 그대로 자기와 자기의 자손들에게 수천 배의 해를 받았습니다.

세상의 대심판자 예수님은 영존하십니다. 그런 까닭에 이 계명은, 그대로 언제나 이 땅에서 이루어지는 것입니다.

40
소경이라 원시치 못한다

【말씀】 *"이런 것이 없는 자는 소경이라 원시치 못하고 그의 옛 죄를 깨끗게 하심을 잊었느니라"(벧후 1:9)*

 교 화

언젠가 미국 시카고에 있는 식물원에 갔더니 아름다운 꽃들이 만발했는데 구경꾼들이 많이 와서 기뻐하였습니다. 1시쯤이나 되어서 좋은 풀밭에 모여 앉아 점심을 먹는데 우리 앞으로 네 사람의 여자들이 깔깔대고 웃으며 지나갑니다.

얼굴을 돌려 쳐다봤더니 그 여자들은 모두 장님들이었습니다. 우리는 의심이 갔습니다.

"장님들이 왜 여기를 왔을까?"

아들이 설명을 해 줍니다.

꽃나무 앞에 점자로 설명한 표시판을 세워 놨기 때문에 그것을 만져보고 장님들도 꽃 이름과 나무 이름을 알고, 지금 꽃이 얼마나 펴 있는지, 꽃의 색깔은 어떤 색인지 알 수 있다는 것입니다. 참으로 좋은 나라라고 감탄하였습니다.

그러니까 사시로 피는 꽃, 떨어지는 꽃, 그 꽃의 색깔들을 점자로 써서 설명을 해 놓았기 때문에 언제나 장님들도 심심치 않게 그 식물원에 들어와서 기쁘게 구경을 하고 있다는 것입니다.

그런데 우리 정상인의 세계에도 장님이 있는데, 그들은 볼 것을 못 보고 불행하고 적막하게 살고 있다는 것입니다. 그렇지만 하나님은 그 장님들에게도 보여 주어 기쁘게 행복하게 살게 한다는 것입니다.

그러면 어떤 사람들이, 봐도 못보는 장님일까요?

도립 병원에 무료 환자들이 십여 명 입원해 있습니다. 그들에게 전도를 합니다.

"할아버지, 예수 믿고 구원받으세요. 사람들은 이 세상이 최후인 줄 알지만 우리 영혼이 가는 천당이 있습니다. 예수 믿으세요."

이렇게 전도를 하였더니, 어떤 한 분이 이렇게 말합니다.

"천당이 어디 있어요? 그런 거짓말을 그만 둬요!"

믿는 우리는 예수님이 보여 주시는 천당을 믿고 순종합니다. 하지만 이 불신 노인들은 그것을 못 봅니다. 그러니까 그 노인들은 눈은 떴으나 장님들입니다. 이런 장님들이 남녀 노소 우리 한국엔 너무도 많습니다. 그러나 예수를 믿으면 예수님은 성령을 통해서 우리의 영의 눈을 밝혀 영원한 기쁨의 천국을 환하게 보여 주십니다.

순경이 고등학생 네 명을 수갑채워서 데리고 옵니다. 부모들은 쫓아오면서 용서를 빌며 애원합니다.

순경은 부모님들에게 큰 소리로 말합니다.

"이놈들은 소경들이요. 내일의 결과를 모르는 바라보지 못하는 소경들이오. 이런 놈들을 내가 데려가 고쳐 주렵니다."

그 수갑에 채워 끌려오는 학생들 뒤에는 또다른 다섯 명의 고등학생들이 따라 옵니다. 그 학생들은 증인이 되어 따라 온다는 것입니다. 그 내용을 들으니 이러합니다.

공휴일이라 명승지에 놀러 가서 술을 먹다가 두 패로 싸움을 하였습니다. 한 패거리의 두 학생은 이 놈들의 칼에 찔려서 죽고 다섯 명은 중상을 입고 병원에 입원했습니다. 칼을 휘두룬 패거리 학생들을 쇠고랑 채워 끌고 갑니다.

두 패가 모두 싸웠다는 것, 칼을 휘둘러 살인을 했다는 것, 술을 먹었다는 것 등이 모두 장님들의 행위가 아니고 무엇입니까?

① 그 학생들은 내일의 결과를 내다 보지 못하였습니다.

② 오늘의 욕심, 오늘의 흥분에 그만 그 증오심을 억제하지 못한 장님들입니다.

오늘날 이런 장님들이 우리 한국 땅에 얼마나 많습니까? 참으로 슬픈 일입니다.

내일의 가정의 주인, 내일의 학교의 주인, 내일의 사회의 주인, 내일의 국가의 주인이 되어야 할 사람들이 내일을 보지 못하고, 기분에 무계획적으로 무질서하게 살고 있으니 그들은 살았어도 죽은 사람입니다.

한 부부가 싸웁니다. 아이는 무서워서 방 안에서 엉엉 울고 있습니다. 초등학교 5학년 아이는 마당에 서서 떨며 웁니다.

아빠는 엄마의 머리칼을 휘어잡고 방 안에서 빙빙 돌고 있습니다. 그러다가 아빠는 바윗돌 같은 큰 주먹으로 엄마를 사정 없이 때립니다.

엄마는 큰 소리로 지릅니다.

"죽여라 죽여! 너 같은 깡패! 건달 도둑놈, 놀음꾼 하고는 "오늘이 마지막이다. 애들이 불쌍해서 참고 살았으나 이제는 더이상 참을 수 없다. 죽여라!"

술꾼 아빠는 무직자입니다. 이튿날, 죽도록 매 맞은 엄마는 유서 한 장 써 놓고 도망가 버렸습니다. 이 아빠는 눈은 떴지만 장님입니다. 그 아이들의 장래는 어떻게 될까요? 물론 엄마의 책임도 있지요!

수원 교도소에는 많은 죄수들이 징역을 살고 있습니다. 아이가 있는 엄마도 있습니다. 자녀가 있는 아빠도 있습니다. 권세 가졌던 사람들도 있습니다. 하지만 모두 소경들로서, 내일의 결과를 못보고 뛰었던 사람들입니다.

그래서 예수님은 교훈하셨습니다.

"무엇을 먹을까, 무엇을 마실까, 무엇을 입을까 하지 말라. … 그러므로 내일 일을 위하여 염려하지 말라 내일 일은 내일 염려할 것이요 한 날 괴로움은 그 날에 족하니라"(마 6:31-34).

영국에 베넷(Bennett, 1867-1931)이라는 유명한 소설가가 있습니다. 그에게 아들이 둘이 있는데, 모두 문학의 천재들입니다. 아버지를 닮아서 그렇다는 것입니다.

베넷이 병들어 다시 살 가망이 없자, 두 아들을 불렀습니다. 그리고 유언을 합니다.

"아빠는 내일의 영광을 바라보고 오늘의 실력을 닦기 위해 생명까지 아끼지 않고 공부했다. 세상에 우둔하고 미련한 소경이 있다. 내일을 보지 못하는 소경, 어제를 보지 못하는 소경이 있다. 너희들은 어제를 보고 내일의 갈길을 고쳐 나가고, 내일을 보고 오늘 착실한 자격을 갖추도록 해야 한다. 너는 아빠의 유명한 이름을 이용하지 말고 너희들 나름대로 특유한 재질과 실력을 발휘해서 내일의 세계를 놀라게 하는 작가가 되어라. 그러나 이것 하나를 명심하라. 이름이 클수록 노력도 커야 한다."

하나님은 힘쓰는 자를 도와주시고, 갈망하는 자의 그 소원을 채워 주십니다. 결코 안일에서 많은 수확을 거두려는 것은 금물입니다.

41
빚진 자는 누구냐

【말씀】 "헬라인이나 야만이나 지혜있는 자나 어리석은 자에게 다 내가 빚진 자라"(롬 1:14)

 교 화

어떤 사람이 사업을 하려고 생각했습니다. 자금이 불과 20만원 뿐입니다. 그래서 이 사람은 부인과 의논을 하였습니다.

"여보 빚을 얻읍시다. 백만원을 얻어야 구멍 가게라도 차리겠어요."

"그렇죠! 내일 김장로님 댁에 가서 청해 봐요."

부인과 의논이 되어서 이튿날 빚을 백만원 얻었습니다. 상점은 과일과 잡화입니다. 한달에 이자는 불과 100분지 1입니다. 그러니까 만원을 한달에 내야 됩니다.

그런데 잘 되면 한 달에 20만원어치도 벌기 힘들어 매달 이자 상환하기도 매우 어렵습니다. 벌써 이자만도 석달이 밀렸습니다. 이 사람은 매우 미안했습니다.

장로님은 그래도 생각하여 도와주었는데, 본전은 고사하고 이자 만원도 갚지 못하니 마음이 편치 않습니다.

이 채무자는 장로님 보기가 너무 미안해서 이제는 그 앞을 지나다니지도 못합니다. 교회를 가려면 꼭 장로님댁 앞으로 해서 과수원을 돌아가야 하는데, 장로님 집도 보기가 부끄럽고 장로님댁 과수원 배 나무도 보기가 부끄러워졌습니다.

하루는 물건 값을 받으려고 장로님댁 앞을 지나 과수원을 돌아가는데 장로님네 기르는 하얀 양 한 마리가 풀을 뜯어 먹다가 무엇에 놀랐는지 갑자기 뛰어 오는 바람에 채무자는 뒤로 자빠지고 말았습니다. 두 손으로 얼굴을 가리우고 땅에 엎어져 있습니다.

그는 죄책감에 놀라 심장이 뛰고 몸이 오돌오돌 떨려서 한시간 동안이나 땅에 쓰러진 채 죽은 사람처럼 엎어져 있었습니다.

① 빚진 사람은 주인 앞에 쥐새끼랍니다.
② 빚진 사람은 마음이 편할 날이 없습니다.
③ 빚은 밤낮 없이 늘어납니다.
빚은 속히 청산할수록 유익이 됩니다.

바울 사도는 무슨 빚을 얼마나 지었기에 "나는 빚진 사람이라!"고 말하였을까요. 그것은 '복음의 빚' 입니다.

이 빚은 누구나 불신자에게 졌습니다.

복음은 복된 소식이라는 뜻입니다.

좋은 사람으로 변화시키고, 슬픈 사람을 기쁘게, 절망자를 소망으로, 가난한 자를 부하게, 악한 자를 선한 자로, 무지한 자를 지혜있는 자로, 지옥갈 자를 천국으로, 욕먹는 자를 칭찬 받는 자로, 멸망당할 자를 구원 받은 자로 변화시켜 주시는 능력과 방법이 이 복음에 있습니다.

이 복음을 불신자에게 전할 책임이 있습니다. 그렇지 않으면 하나님한테 큰 벌을 받습니다. 그래서 빚진 자입니다.

복음을 전하지 않는다고 어느 법을 따라 처벌하는 것은 아닙니다. 오직 우리 하나님께 큰 벌을 받게 된다는 말입니다.

① 참으로 의리가 있는 분이요.
② 믿음이 있는 분이요, 도의심이 강한 분이요.

③ 양심이 살아 있는 분이요.
④ 사랑이 넘치는 사람이요.
⑤ 민족적인 책임감이 있는 사람입니다.

어느 동네에 도둑을 크게 맞았습니다. 신혼에 받은 온갖 폐물과 고급 시계, 카메라, 텔레비전 등 많은 혼수품을 결혼한지 한달도 못되어서 다 도둑을 맞았습니다. 모두 그 도둑놈을 잡아 죽여야 한다고 야단들입니다. 그런 중에 어떤 진실한 노인은 "그것 다 내가 책임이 있다. 내가 좀 동네를 항상 살펴봐야 할 터인데 그렇게 살펴 보지를 못했다"고 죄책감으로 부끄러워합니다. 참으로 훌륭한 어른입니다. 이런 마음이 빚진 마음입니다.

우리 한국은 아직도 휴전선이 그대로 있어 이렇게 이남 이북이 서로 적대시하고 있습니다. 6·25 동란 때에 말할 수 없는 가옥의 파괴며 탄환 화재의 피해 등 엄청난 전란의 피해를 서로 입었는데,

'이것은 다 내게 죄가 있어 그렇다. 내가 하나님께 또 나라에 또 백성들에게 죄를 지어서 그런 결과가 나게 되었다'는 사람도 있습니다. 다 복음의 빚을 진 심정입니다.

우리 민족이 다 이런 죄책감, 책임감, 도의적인 부족감으로 스스로 부끄러워한다면 통일이 속히 오리라 생각됩니다.

'나는 모든 사람에게 크게 빚을 진 사람이라'고 말한 바울 사도의 간증은, 이런 동족적인 민족적인 도의감에서 양심 바른 처사입니다.

어느 사람이 술을 먹고 들어와서 부인과 싸우다가 도끼를 던졌는데 어린 아이가 맞아서 그 자리에서 숨졌다는 기사를 봤습니다. 이럴 때 모두 '내가 복음을 그 분에게 전하지를 않아 그런 불상사가 야기되었다. 내가 복음의 빚을 졌다'고 말하는 것입니다.

어떤 고등학생이 등록금을 못내서 퇴학을 당하자, 그만 그것을 비관해서 자살을 했다는 것입니다.

'이것 다 내가 미쳐 돌보지 못해서 그렇습니다. 내가 살펴보지 못

해서 그렇습니다'라고 나의 책임으로 여기는 그 생각이 곧 바울 사도가 말한 '나는 모든 사람에게 복음의 빚을 졌다'는 것입니다.

미국에서 박사 학위를 수여받고 한국에 와서 모 대학의 교수로 일을 하다가 부인과 사소한 언쟁 끝에 교수가 자살을 하였습니다. 이것을 보고 부인도 한강에서 자살을 하였습니다.

그들에게 3남매가 있었는데 첫째는 15살, 둘째는 12살, 셋째가 10살입니다. 3남매는 밤을 새우며 울고 있습니다.

어떤 이는 교수가 나쁜 놈, 어떤 이는 부인이 나쁜 년이라고 서로 욕을 하고 있는데, 그 마을의 어느 목사님은 이렇게 기도드렸습니다.

"그것 내 죄 때문에 그렇습니다. 내가 그 교수와 부인에게 복음을 전하지 못해 그런 불행한 일이 생겼습니다. 복음을 그들이 믿었더라면 왜 그런 일이 있었겠습니까?"

세상에 모든 불상사는 "내가 잘 했다. 내가 제일이다. 나같이 깨끗한 사람이 어디 있느냐?"라고 하는 데서 되어지는 부작용입니다.

우리 나라 초대 대통령이었던 이승만 대통령이 미국에서 공부를 하였습니다. 그는 1908년에 하버드 프린스턴 대학을 졸업하고 철학박사 학위를 받았습니다. 박사학위를 받던 그날, 친구들이 모여 박사의 축하연을 베풀었습니다. 음식을 먹으며 즐거워하고 있는데, 밖에서 싸우는 소리가 들렸습니다. 그 음성은 한국 사람의 음성이었습니다.

이승만 박사는 속히 그 소리를 듣고 신발도 신지 않고 문을 열고 나갔습니다. 한 5, 6명의 한국인들이 패를 나누어 몽둥이를 들고 서로 치고 때리면서 싸우고 있었습니다.

그들의 얼굴은 모두 붉은 피투성이었습니다. 그런데도 사람들은 모두 구경만 할 뿐입니다. 여러 나라 사람들이 둘러 서서 응원이나 하듯 모두 비웃으며 구경만 할 뿐입니다.

"자, 매 맞을 놈은 여기 있다. 이승만이가 매 맞을 놈이다. 나를 때려라."

　이승만 박사가 중앙에 우뚝 서서 큰소리를 지르면서 몽둥이를 들고 자기의 어깨와 몸을 치는 것입니다.
　이승만 박사의 얼굴에서도 붉은 피가 흐르고 손에서도 피가 흐르고 의복에도 피가 뻘겋게 배었습니다.
　그러자 이승만 박사는 쓰러졌습니다. 이 광경을 쳐다보던 한 사람이 하는 말이 "이게 웬 말입니까? 박사님!"하고 애원하는 것입니다. 그렇게 되니 싸우고 있던 한국 사람들은 모두 이승만 박사에게 다가가 애원하는 것입니다.
　"우리가 죽일 놈이 올시다. 우리들이 미국에 와서까지 동족애를 모르고 자기의 유익을 구하려고 이런 어리석은 싸움을 부끄럽게 했으니 우리들이 죽일 놈이 올시다. 박사님, 제발 다시는 당신의 몸을 치지 마시고 우리를 쳐 주세요. 우리들의 무지한 죄를 용서해 주세요."
　그제서야 이승만 박사는 일어섰습니다. 얼굴은 피투성이요, 옷은 온통 피로 젖었습니다. 손수건을 들어 얼굴을 닦더니 정중한 어조로 이야기합니다.
　"우리들 다 부족합니다. 그 중 내가 제일 부족합니다. 부족하니 잘못이 많습니다. 이 잘못을 용서하는 것이 참 애국입니다. 여러분들도 용서하고 다시는 이국 땅에 와서 동족끼리 서로 싸우지 말고 우리의 핏방울을 모아 우리 동족을 도와줍시다. 우리 나라를 찾는 길은 여기에 있습니다."
　이승만 박사야말로 바울 사도와 같이 우리 한국 사람에게 복음의 빚을 많이 진 참 애국자입니다. 우리 모두가 서로서로 애국의 빚, 복음의 빚을 지고 있다고 생각하면 머지 않은 장래에 가정이 행복하고 나라가 통일될 것입니다.

42
옛사람 새사람

【말씀】 "우리가 알거니와 우리 옛사람이 예수와 함께 십자가에 못박힌 것은 죄의 몸이 멸하여 다시는 우리가 죄에게 종노릇하지 아니하려 함이니"(롬 6:6)

교화

옛 사람은 누구입니까? 큰 느티나무 아래에 큰 갓을 쓴 한 70이상이 되어 보이는 노인이 돌의자에 앉아 부채질을 하고 있습니다. 그 옆에는 한 예닐곱살 되어 보이는 남자 아이가 같이 앉아 과자 봉지를 왼손에 들고 오른손으로 그 과자를 먹습니다.

"바삭바삭" 맛이 있게 깨물어 먹습니다.

나를 보더니 그 애는 '생글생글' 웃습니다.

노인과 어린 아이가 함께 느티나무 그늘 아래 앉아 있습니다. 누가 옛 사람입니까?

모두 노인을 옛 사람이라 말들 합니다. 그런데 하나님께서 말씀하시는 옛 사람은 그런 것이 아닙니다.

① 죄가 있는 사람이, 옛 사람입니다.

② 예수를 모르는 사람이, 옛 사람입니다.

③ 사랑이 없는 사람이, 옛 사람입니다.

④ 착한 일을 하지 않는 사람이, 옛 사람입니다.

⑤ 거짓말하는 사람이, 옛 사람입니다.

⑥ 질투, 시기, 교만한 사람이, 옛 사람입니다.
⑦ 싸우기를 좋아하는 사람이, 옛 사람입니다.
⑧ 부모나 이웃이나 선생님의 은혜를 모르는 사람이, 옛 사람입니다.
⑨ 회개할 줄 모르는 사람이, 옛 사람입니다.

경찰서에는 유치장이 있습니다. 어느 유치장에 남녀 죄수가 60여 명이나 됩니다. 나는 한 주일에 한 번씩 그 유치장에 가서 설교를 합니다.

어떤 사람은 5범도 있고, 10범도 있고, 20범도 있다는 것입니다.

한 번 징역을 살고 나오면, 그만큼 망신을 당하고, 마음도 아프고, 이웃에 부끄럽고, 장래는 멸망인데 왜 5범, 10범, 20범을 합니까?

이런 것이 옛 사람이란 것입니다. 거기 여자 죄수가 12명이 있습니다. 간수가 슬며시 내게 말해 줍니다.

"저 뒤에 앉아 있는 여자는 괴상한 여자입니다. 큰 회사의 사장님 댁에 들어가서 금은 보석만 훔치는 5범입니다."

"어떻게 그런 여자가 사장님 집만 들어갈 수 있습니까?"

나는 물었습니다.

"인물이 너무 고와서 사장들이 한 번 선만 보면 꼭 사장의 비서로 쓴답니다. 사장의 비서가 되면 아무래도 사장네 집을 자주 출입하게 되고 또 사장님 댁에 출입을 하게 되면 사장님 부인을 잘 알게 되고 사장님 부인을 잘 알게 되니 자연히 그 집에 금은 보석의 비밀함을 잘 알게 되는 법입니다."

간수는 이렇게 일러 주었습니다. 그 다음부터는 그 여자가 유심히 보이는데 참으로 미인이었습니다. 그는 현재 나이가 26살입니다. 나는 생각을 했습니다. 얼굴은 천하에 미인인데, 그 마음은 옛 사람이로구나! 어떻게 해야 그 마음도 미인으로 고칠 수 있을까?

옛 사람은 '다 낡았습니다. 쓸모가 없습니다. 타인에게 악영향을 줍니다. 이제는 절망합니다. 회생의 기회가 없다' 라는 뜻입니다.

그러니까 버릴 수 밖에 없습니다.
① 구두가 낡으면 쓰레기 통에 버립니다.
② 의복이 낡으면 쓰레기 통에 버립니다.
③ 팬티가 낡으면 쓰레기 통에 버립니다.
④ 텔레비전이 고장나면 고쳐야 합니다.
⑤ 자전거가 쓰레기 통에 버립니다.
⑥ 시계가 쓰레기 통에 버립니다.
⑦ 집이 낡으면 헐고 다시 건축해야 합니다.
⑧ 녹음기가 쓰레기 통에 버립니다.
그런데 마음이 낡으면 어떻게 합니까?

그것은 예수를 믿으므로 그가 주시는 성령을 통해서 새사람으로 고치되, 더 완전하게 더 새롭게 더 튼튼하게 고칠 수가 있다는 것입니다. 이것이 그리스도의 복음입니다.

고치는 법은 구체적으로 이러합니다.

예수께 나아올 것, 믿을 것, 말씀의 거울로 내 몸을 비춰볼 것, 그 때에 나의 흠이 다 깨끗이 드러납니다. 기도할 것, 기도로 힘을 얻고, 성령이 우리의 더러운 때를 닦아 줍니다. 항상 말씀에 따라 믿고 행합시다. 믿고 행함이 없으면 다시 우리의 마음이 더러워집니다.

방 안을 날마다 쓸고 닦듯이, 우리는 날마다 믿고 행하고 성령이 역사하지 않으면 다시 마음이 더러워집니다.

 예 화

미국에 니미츠(Nimitz, 1885-1966)란 사람이 있습니다. 그가 학생 때의 일입니다. 미스 아메리카 선발 대회에 결승전에 올라간 미스 브라이너란 처녀가 있었는데, 그 처녀는 일년 전 니미츠와 헤어진 처녀입니다. 2년간 열렬히 연애를 해 오다가 브라이너가 니미츠를 거부하여 할 수 없이 헤어졌습니다. 그렇지만 니미츠는 그녀에게 때때로 전화를 걸고 편지도 보냈으나 한 번도 응하지 않자 매우 마음이 상해서 니미츠는 어떤 때는 극도에 달한 위협적인 편지까지 보냈었습니다. 그 일이 있은지 2년이 되던 해에 미스 아메리카 선발 대회에 후보가 되어 있다는 소문을 듣고 니미츠는 '옳지! 때가 왔다!'고 기다렸습니다. 세 번째 결승전, 크고 호화로운 단상에 5명의 후보들이 올라서서 자기들의 미를 선보이고 있습니다.

이때입니다. 니미츠는 가슴이 두근거리고, 열이 올라 얼굴이 뻘겋게 되었습니다.

니미츠는 용기 백배하여 일어서기가 무섭게 단상으로 뛰어 올랐습니다. 그리고 미스 브라이너의 허리를 끌어안았습니다. 그러자 주최측에서 어떤 남자 둘이 급히 올라와서 니미츠를 붙잡아 끌어냈습니다. 이때 브라이너도 같이 끌려 내려오면서 얼굴이며 온 몸에 많은 상처를 입었습니다.

그 사이에 미스 선발 결승 대회는 중단되었습니다. 니미츠는 경찰들이 데리고 갔습니다. 20분 후에 결승전은 계속 되었습니다.

이 문제로 니미츠는 투옥이 되었고, 1년간의 옥살이와 벌금 2만달러를 지불하게 되었습니다. 니미츠는 그런 부끄러움을 당한 후, 1년간 정양을 하고 다시 공부를 시작하였습니다. 그후 그는 군인으로 지원하여 좋은 성적으로 진급이 되어 1918년 제1차 대전시 대서양 함대의 잠수함대 참모장, 41년에 태평양함대 사령장관, 44년에 원수가 되었습니다. 그러면 그가 어떻게 이런 훌륭한 인물이 될 수 있었을까요?

니미츠는 옛 사람이었습니다. 그가 옥살이 하는 일년 동안 교도소에서 목사에게 충성스런 신자로 인정받았습니다. 그리고 세례 받기 전 날은 하룻밤을 자지도 않고 먹지도 않고 통회의 기도를 드렸습니다.

출옥이 된 후, 그는 일년 간을 교회에서 종을 치며 교회 청소하는 일에 충성스럽게 봉사하였습니다. 그가 대학교에 들어가서도 열심히 교회를 도와, 학교에서도 목사란 별명까지 받게 되었습니다.

그가 예수를 참 지도자로 모신 후부터는 이렇게 그의 마음과 성격과 사상이 전환되어 완전히 크리스천이 되었습니다. 그런 관계가 오래 계속되면서 그는 마지막으로 최고의 권세자 원수가 된 것입니다.

43
믿음의 축복(제1부)

【말씀】 "오직 성령의 열매는 사랑과 희락과 화평과 오래 참음과 자비와 양선과 충성과 온유와 절제니" (갈 5:22-23)

교화

끝으로 이 말씀은 빼놓을 수 없어 드립니다. 이 말씀의 내용은 믿음으로 받게 되는 하나님의 축복입니다.

예수님이 하늘 보좌를 버리시고 이 땅에 오신 목적이 여기에 있습니다.

그러기 때문에 예수를 믿으면 반드시 이런 축복을 받아야 합니다.

여기 축복의 종류가 아홉 가지 있는데, 축복을 받았다 하면 반드시 아홉 가지 축복을 다 받게 되는 것이고, 아홉 가지 축복 중에 한가지라도 결했다 하면 그 사람은 축복을 받았다고 말할 수 없습니다.

이 축복은 완전하신 사랑의 하나님이 한꺼번에 주시는 복입니다. 그 중에 더러는 먼저 주고 더러는 나중 주고 하는 것이 아닙니다. 선후가 있을 수 없고 일차, 이차, 삼차의 구별도 있을 수 없습니다.

'축복을 주셨다. 믿는 자에게 무료로 주셨다' 하면 한꺼번에 아홉 가지의 축복을 다 주셨다는 것입니다.

그럼 본문에 기록된 대로 아홉 가지의 축복을 하나하나 설명해 보겠습니다.

1. 사랑의 축복

여기 사랑은 '예수 사랑'을 말하는 것입니다.

사람의 사랑은 형식적인 사랑, 임시적인 사랑, 차별된 사랑, 이기적인 사랑입니다. 그러나 예수님의 사랑은 이타적인 사랑, 영원한 사랑, 무차별 사랑, 원수까지의 사랑입니다.

아브라함 링컨은 미국의 제16대 대통령이었습니다. 흑인 노예해방을 위한 전쟁 때에 장관 한 사람이 밤에 찾아 와서 조언을 하였습니다.

"흑인 노예 해방 때문에 대통령을 노리는 악당이 있다는 소식이 들립니다. 대통령의 생명은 천하보다 귀하니, 흑인 노예 해방 운동을 취소하셨으면 어떻겠습니까?"

"알았습니다. 나는 나의 생사를 염려하지 않습니다. 단 흑인 노예 해방만이 나의 정신이요, 생명입니다. 흑인 노예 해방 전쟁을 취소한다는 것은 나의 생명을 버리는 일과 같은 것입니다."

링컨 대통령은 기어이 승리했습니다. 그렇지만 그는 1965년 워싱턴 포드 극장에서 배우 부드에게 암살되었습니다.

'죽어도 흑인 노예를 해방해야 된다'는 그의 정신은 예수님 사랑의 정신입니다. 이 정신이야말로 축복의 사랑입니다.

2. 희락의 축복

둘째는 축복입니다. 희락이란
① 아들을 원하다가 아들을 낳았습니다. 매우 기쁩니다.
② 일본에서 살던 언니를 오랫만에 만나 상봉하니 기쁩니다.
③ 셋방살이를 하다가 집을 사서 이사를 하니 기쁩니다.

이런 기쁨을 말하는 것이 아닙니다. 물론 기쁨은 다 누릴 수 있습니다. 그러나 여기 '축복의 기쁨'이란 '어떤 일에도 기뻐 감사한다'는 뜻입니다.

스데반은 전도하다 돌에 맞아 희생했습니다. 그런 아픔과 어려움 중에도 그의 얼굴엔 '천사의 얼굴같은 기쁨이 가득했다'(행 6:15)고 하였습니다.

바울은 옥에 갇혔습니다. 전도하다가 갇혔습니다. "그렇지만 감옥 속에서도 찬송을 불렀다"(행 16:25)고 하였습니다.

고 권사님이란 분은 모 교회의 진실한 봉사자로 많은 교인들에게 높임을 받았습니다. 그의 아들이 금년 초등학교 5학년인데 학교에서 돌아오다가 어디서 날아왔는지 모르는 큰 돌에 맞아 병원에 입원하였습니다. 교인들이 가서 예배를 드리고, 기도를 하고 위로를 하였습니다.

"얼마나 놀랬습니까? 참으로 걱정이 되겠습니다."

권사님은 이 말을 듣고 이렇게 대답하였습니다.

"다 하나님이 무슨 축복을 주시려고 이런 시험을 주셨으니, 기다리며, 기도하고 감사할 뿐입니다. 또 이만큼이나마 다친 것이 감사하구요. 더 중요한 데를 다쳤더라면 어떻게 합니까? 하나님이 생명 주셨으니 하나님이 알아서 더 좋게 해 주시겠지요."

이런 마음이 기뻐하는 마음입니다. 이런 기쁨은 영원히 변치않는 축복입니다.

얻으면 기뻐하고, 잃으면 슬퍼하고, 되어서 기뻐하고, 안 되면 슬퍼하는 기분적인 희비가 아닙니다. 깊은 물이 흐르듯 하나님께 깊이 안기어 흔들리지 않는 진실한 감사, 진실한 기쁨, 진실히 찬송하는 그 생활이 곧 변치 않는 축복의 기쁨입니다.

가정에 이런 기쁨이 있어야 그 기쁨이야말로 저 천국까지 변치않고 연장됩니다.

바울 사도는 말했습니다.

"항상 기뻐하라. 쉬지 말고 기도하라. 범사의 감사하라. 이는 그리스도 예수 안에서 너희를 향하신 하나님의 뜻이니라"(살전 5:16-

18).

3. 화평의 축복

화평이란 마음이 하나가 되는 평화를 말하는 것입니다.
① 아버지 어머님이 하나가 되는 마음의 화평
② 형제간에 하나가 되는 마음의 평화
③ 이웃과 이웃의 마음이 하나가 되는 마음의 평화
④ 사장과 사원이 하나가 되고, 사원과 사원이 하나가 되는 마음의 평화 등을 말하는 것입니다.

돈 거래 때문에 마음의 틈이 생깁니다. 이해 관계 때문에 마음의 틈이 생깁니다.

약속을 안 지켜서 마음의 틈, 혀를 잘못 놀려서 마음의 틈, 질투 시기로 마음의 틈이 나서 서로 원수가 됩니다. 그러다가 싸우고, 싸우다가 죽이고 조그마한 하찮은 감정 때문에 서로 마음에 틈이 생겨 나중에 큰 해독을 토해 놓는 일이 많이 있습니다.

그러니까 우리는 틈이 커지기 전에 속히 마음이 하나가 되게 묶어야 복을 받습니다.

두 마음이 아닌, 의견이 하나가 되는 화평이 곧 화평의 축복입니다. 그런데 우리는 이것을 알아야 합니다. 좋은 것을 알면서도 할 수 없는 것은 어떻게 하느냐고 말입니다.

이 세상은 죄악의 세력이 강해서 매사에 사탄이 개입하여서 평화를 방해합니다. 그래서 뻔히 좋은 길을 알면서도 그 길을 못갑니다.

그러니까 믿음이 필요합니다. 예수를 믿고 기도하므로 다 행할 수 있는 길을 주시고, 행할 수 있는 능력을 주시고, 행하게끔 성령이 이끌어 주십니다. 그러므로 신앙 생활이란 성령과 내가 하나되어 사는 생활입니다. 그래 영원한 믿음의 희락을 가질 수 있는 것입니다.

44
믿음의 축복(제2부)

1. 오래 참음의 축복(갈 5:22)

교화

성경에 인내에 대한 말씀은 많습니다.
인내로써 결실(눅 8:15)
인내로써 영혼을 얻음(눅 21:19)
인내하여 선을 행하라(롬 2:7)
환란은 인내를 낳고(롬 5:3)
인내하는 자는 복되다(약 5:11)
인내로써 덕을 세우는 일도 많고 인내로써 유익을 얻는 일이 많이 있습니다. 그러나 인내하지 못하므로 큰 해를 받을 때는 더욱 많습니다.

성경에 가인과 아벨 두 형제가 있었습니다. 동생 아벨은 하나님한테 사랑을 받고 형 가인은 늘 하나님과 부모에게 책망을 받았습니다.

형 가인은 질투가 나서 동생 아벨을 죽이려고 마음을 먹었습니다. 그러나 참고 참았습니다. 그러다가 어느 날은 산으로 데리고 올라가서 몽둥이로 쳐 죽였습니다.

끝까지 참았다면 둘 다 행복했을 터인데 참지를 못해서 동생을 죽였고 형은 하나님에게 큰 벌을 받았습니다.

땅이 저주를 받고, 밭을 갈아 심어도 수확이 없고, 피하여 유리하는 자가 되고, 슬픔이 있고, 고통이 따르고, 원수가 생기어 너를 죽이리라(창 4:11-14).

미국의 에디슨(Edison, 1847-1931)은 세계가 다 아는 발명가입니다. 그가 12살 때에 신문 판매원으로 고생했는데 좋은 기계를 발명하여 세계적인 위인이 되었습니다.

하루는 신문 기자가 와서 칭찬하며 물었습니다.

"어떻게 그렇게 많은 것을 발명하셨습니까? 많은 고생을 하셨지요?"

에디슨은 눈을 한참이나 껌뻑껌뻑 거리더니 무거운 입을 열었습니다.

"하나 연구해서 발명해 내는데 어떤 것은 천번이나 실험하고 또 실험해서 완전히 성공이 되었습니다."

신문 기자는 입을 쩍 벌립니다. 그리고 감탄을 합니다.

"그러면 돈도 많이 소용이 되겠어요!"

에디슨은 주먹으로 무릎을 치면서 또 말합니다.

"돈도 문제이지만 천번까지나 끌고 나가는 그 인내심이 생명입니다."

인내는 무엇에도 이렇게 크나큰 유익을 가져다 주는 어머님이 됩니다.

서울 명륜동에 무남독녀를 애재ㅣ중지 기르는 부잣집이 하나 있습니다. 학교갈 때 올 때에 자가용으로 모셔다 드리는 공주입니다.

고등학교를 졸업했으나 좋은 성적은 못돼서 부모는 속으로 걱정을 하고 있습니다. 이제 대학교 입학시험을 보러가는 날입니다.

아빠는 무심코 그 입으로 나오는 말이 이러합니다.

"영란아! 알지! 시험을 잘 치르면 무엇이나 네 소원을 다 들어주고 그렇지 못하면 어떻게 지옥같은 학관 공부를 하겠느냐?"

영란이는 그 말을 마음 깊이 새겨 두었습니다.

시험을 치렀습니다. 도무지 자신이 없습니다. 세 시간을 치렀는데 그때는 정말 절망입니다. 영란이는 살며시 빠져서 네째 시간은 안 치르고 어디로인지 사라져 버렸습니다.

시험치는 시간을 재어보니 다 치르고 귀가를 할 시간인데 영란이는 돌아오지를 않습니다. 전화가 없습니다.

전화를 하면 곧 자가용을 보내기로 약속을 하였는데 소식이 없습니다.

"내가 참을걸 공연히 그런 말을 해서 낙심이 됐을까?"

아빠는 엄마에게 걱정스럽게 말을 했습니다.

"무슨 말을 하셨소?"

엄마는 눈썹을 찌프리며 물었습니다.

"잘 치러야지 못 치르면 지옥같은 학관 공부를 어떻게 하느냐? 이 한 마디 했는데……"

아빠는 불안한 얼굴로 하늘을 쳐다 보며 말했습니다.

돌이는 대문간에서 들락 날락하며 걱정합니다.

해가 넘어갔습니다. 전등이 환히 켜졌습니다. 저녁도 안 짓고 기다립니다. 모든 것이 손에 잡히질 않습니다.

하룻밤을 돌이서 꼬박 새웠습니다.

이제는 문제가 생긴 아이다. 혹시나 친구네 가서 자지나 않을까? 하고도 생각해 보았으나 전혀 그런 예감은 들지 않습니다.

파출소로 경찰서로 신고를 다 했습니다. 많은 돈을 드려서 찾습니다. 4일 만에 편지 한 장이 날아왔습니다. 그 사연은 이러합니다.

"공부 못해 불효자식이 됐습니다. 학관엘 어떻게 다닙니까? 앞길이 캄캄해서 나는 부모를 영 떠나갑니다. 용서해 주세요. 불효 영란

상서."

아빠는 왜 그 한마디를 못 참았을까? 또 영란이는 왜 죽음의 길을 참지 못했을까?

참는 것은 복입니다. 참지 못하면 불의의 곤란을 슬픔을 만나게 됩니다.

그런데 나약한 인간들은 인내가 있어도 약합니다. 밖에서 들어오는 강한 죄악의 세력을 이겨내지 못합니다.

그러므로 예수를 믿어 우리는 충분히 이겨낼 수 있습니다.

45
믿음의 축복 (제3부)

1. 자비의 축복 (갈 5:22)

교 화

여기 자비한 자란 뜻은 친절을 말하는 것입니다.

높은 사람에게도 낮은 사람에게도 또 거지에게도 아는 친구나 모르는 사람 할 것 없이 덮어 놓고 친절하란 말입니다.

어려운 때에도 친절, 기쁜 때에도 친절입니다. 우리 한국 속담에 "오는 정이 있어야 가는 정이 있다"는 말이 있습니다.

이것은 극도의 이기주의적인 타산적 정의를 표현한 것입니다.

"먼저 내게 갖고 와야 내가 준다"는 말입니다. 이 속담은 너무도 오래 전부터 전해 오는 극히 편벽된 사랑이요 불친절을 표하는 것입니다.

① 먼저 내가 다른 사람에게 준다.
② 보답을 받으려고가 아니고 기쁨 마음으로 준다.
③ 잠깐 동안의 친절이 아니고 내가 살아 있는 동안 보수를 모르는 희생적인 친절.

은혜와 축복이라 하는 것의 참 뜻은 눈에 보이는 어떤 소유의 양에 표준한 것이 아니고 우리 마음에 참 기쁨을 주는 봉사심에 결과가 되는 것입니다.
　갑이란 사람이 신문을 보고 결심을 하였습니다. 그 기사내용은 다음과 같습니다.
　어떤 집에 7식구가 살았습니다. 두 남매는 국민학교 방학이 되어서 고향인 이천으로 나그네를 갔습니다. 5식구가 하룻 밤 사이에 연탄가스로 모두 생명을 잃었습니다. 두 남매는 삽시간에 고아가 되어 버렸습니다.
　이 사건이 기사로 만인에게 알려졌습니다. 수많은 사람들이 적은 돈 많은 돈을 보냈습니다. 그러나 합쳐도 큰 돈이 못됩니다.
　"가난은 나라도 못당한다"는 말도 있지요. 두 남매는 갈길이 막연합니다.
　그런데 독지가가 나타났습니다. 모 감리교회 ㅣㅁ장로님께서 두 아이를 자기네 호적에 등록을 하였습니다. 앞으로의 공부와 생활 일체를 친 아버지처럼 책임을 지겠다는 것입니다.
　목사님께서 그 장로님께 물었습니다. 그리고 감사를 드렸습니다.
　"고맙습니다. 어려운 두 남매를 살려 주시니 하나님께서 무한하신 표창을 하실 것입니다. 또 우리 교회로서도 영광입니다."
　목사님 말씀에 김장로님은 이렇게 대답을 하였습니다.
　"천만에요. 나의 기쁨은 표창이나 사상이나 대가나 보수를 바라는데 있지 않습니다. 오로지 봉사하는 기쁨 만이 있습니다."
　과연 김장로님은 친절한 장로님이십니다.
　예수님은 말씀하셨습니다.
　"세상에서 봉사의 대가를 받으면 하나님께서 주시는 하늘의 황금보석 면류관을 받을 수 없으니 큰 손해가 된다."
　성경에는 여러곳 친절의 얘기를 우리들에게 전해 주셨습니다.
　수넴 여자는 노인입니다. 그렇지만 자녀는 없습니다. 그런데 어느

날 어딜 갔다 오는데 집 앞에 노인 한 분이 앉아서 쉬고 있는 것을 발견했습니다.

대단히 인자스러운 분 같았습니다. 노인은 물을 좀 달라고 하기에 깨끗한 물 한 그릇을 떠다 드리는 것에서 수넴 여자는 그 노인과 사귀게 되는 길을 텄습니다. 이렇게 하루 이틀 한달 두달 봉사하고 대화하는 동안에 사뭇 친하게 되었습니다.

수넴 여자는 있는 재간 다 해서 봉사를 합니다. 그 노인은 엘리사 선지자입니다.

수넴 여자는 남편과 의논하고 뒷뜰에 엘리사 노인을 위해서 침소를 적당하게 꾸며 드렸습니다. 침대며 촛대며 책꽂이며 엘리사 노인이 필요한 도구를 충분히 사다가 준비해 드렸습니다.

엘리사 노인은 선지자 학교의 선생으로 수고를 하는 높은 어른이었습니다. 지금으로 말하면 신학교 교수 쯤이나 되는 선생님이십니다.

엘리사 노인은 매우 고마웠습니다. 그래서 하나님께 기도하여 수넴 여자에게 옥동자 하나를 선물로 주셨습니다.

물건은 자유로 살 수 있지만 옥동자는 금주고도 못 사고 천하를 다 주고서도 살 수 없는 선물입니다.

물론 그런 대가를 바라고 엘리사 노인에게 친절 봉사를 베푼 것은 결코 아닙니다. 그러나 수넴 여자의 지극한 친절 봉사에 엘리사 노인도 기쁘고, 하나님도 기뻤습니다.

그래서 세상에서 제일 귀한 옥동자를 선물로 주시게 된 것입니다. 남을 기쁘게 할 때에 그 기쁨의 백배해서 나에게 기쁨이 돌아오게 되는 법입니다.

우리는 스데반의 최고의 친절을 생각할 수 있습니다.

자기를 돌로 쳐 죽이는 원수들에게 같은 무기가 날라 가지 않았습니다.

"주여, 나를 돌로 치는 저 형제들의 죄를 용서해 주세요. 저들은 자기들이 하는 악한 행동이 나쁜 줄을 모르고 있습니다. 주여 용서해 주세요."

서울에 어떤 여관에 신사 한 분이 들었습니다. 그 손님은 외모로 보아 돈이 많은 사장처럼 보였습니다. 여관 주인은 손님이 들고 있는 가방에는 금은보화가 들어 있는 줄만 알았습니다.

여관 주인은 밤 2시경에 그 손님방에 들어가서 그 손님을 목을 졸라 죽였습니다. 여관 뒷 정원이 퍽 넓은 편입니다. 그 한 모퉁이를 파고 그 시체를 매장하였습니다.

그리고 가방을 뒤져 봅니다. 가방 속에는 금은보화는 없고 자기의 의복 가지와 선물 몇 가지가 들어 있었습니다. 부부는 낙심을 하였습니다. 혹시나 가방 속에 다른 보석이 있나?고 살펴보는 중에 책갈피에서 천연색 사진 한장이 나왔습니다.

부부는 깜짝 놀랐습니다. 그리고 사진 뒷면을 보니 자기의 아들의 이름이었습니다.

부부는 사진을 얼싸 안고 울기를 시작하였습니다.

"내 아들을 죽였구나! 내 아들을 죽였구나!"

그렇지만 죽은 아들은 살아날 수가 없습니다. 친절치 못한 사람은 타인의 물건에 대해서 크나 큰 욕심이 생기기 마련입니다.

"욕심이 잉태한즉 죄를 낳고 죄가 장성한즉 사망을 낳느니라"(약 1:15)

야고보는 교훈하였습니다.

여관 주인은 친절이 없으니 욕심이 일어났습니다. 욕심을 이기지 못하여 눈이 가리워져 자기의 아들을 죽였습니다.

그러면 아들을 어떻게 죽였을까요? 내가 그 사연을 설명해 주겠습니다.

6·25 때 피난을 가다가 폭격 때에 아들을 잃었습니다. 폭격에 가

족이 산산이 흩어져 숨었다가 미군 헬리콥터에 실려서 아들은 고아로 여겨 미국으로 데려갔습니다.

여기서 학교를 대학까지 나와 회사에 취직을 해서 살다가 부모가 살았으면 찾을 수 있을거다 생각하고 나왔다가 그렇게 봉변을 당한 것입니다.

① 친절은 믿음으로 될 수 있습니다.

② 믿음이 없으면 물욕이 앞서서 욕심을 제어할 수 없습니다.

③ "황금의 흑사심"이란 옛말이 있습니다. 누구나 다 황금 앞에는 마음이 꺼멓게 변질이 됩니다.

④ 이 본능을 믿음으로 참아 선을 할 수 있습니다. 고로 믿음은 만 가지의 엄마같은 교사입니다.

46
믿음의 축복(제4부)

교화

양선이란 구제를 말합니다. 성경엔 이런 교훈이 있습니다.
"받는 자보다 주는 자가 복이 있다"(렘 20:35).

그런데 우리 한국 사람들은 옛날에 너무 가난하게 살아서 남주는 데는 너무도 몰랐습니다. 그래서 받는 것이 있으면 그 사람을 행자한 사람이라고 말해 왔고 그런 까닭에 남한테 받으려고 애를 써 왔습니다.

6·25 동란 때입니다. 유형기 감독님이 미국에 가서 많은 구호품, 많은 구호금 등을 얻어 왔습니다.

배금주는 방법이 이러했습니다.

식구비례로, 재산유무의 정도 비례로, 노인 있고 벌이를 못하는 사람이 있는 자, 환자가 있고 벌이가 시원치 않는 자 등으로 조사해서 나눠 주었습니다.

그리고 오바 양복 신발 내복 등 새 것도 있고 조금 입었지만 전부 세탁을 해서 보냈기 때문에 물건이 좋은 것이 많았습니다. 예를 들면 오바가 10개이고 분배 받을 사람은 20명이 있으면 그때는 제비를 뽑아서 추첨이 되는 사람에게 주었습니다.

좋은 것 뽑혔으면 행복한 사람, 장학금도 나왔으면 행운이 좋은 사람 등으로 부러워 했습니다.

그리고 어떻게 분배해 공평치 못한 일이 드러나면 구제품을 책임자 앞에 던지고, 구제품을 불태워 버리고, 책임자 앞에서 가위로 막 짤라버리는 등, 이상 괴팍스러운 처사를 감행해서 분쟁을 이르키는 때도 많았습니다.

"정말 치사한 것이 돈이요, 구제품이요, 물질입니다."

수원에 모교회에 구제품이 20포대가 특별히 나왔습니다. 모교회의 목사님의 아들이 미국에서 교회를 맡아 목회를 하는데 큰 교회의 구호품입니다.

이 교회서 20포대의 구호물자(의류와 구두 등)를 받은 후 직원회를 열었습니다.

"구제물자 마귀 보따리가 20포대 왔는데 어떤 방법으로 분배를 할까요?"

목사님이 이렇게 문제를 제출하자 권장로님이 이렇게 얘기하였습니다.

"구제물자는 마귀 물자입니다. 그러니 그 마귀물자를 우리 교인들이 받으면 우리 교회는 마귀 교회가 되어 버립니다. 당장 원하는 교회에 넘겨 주세요!"

이 말에 이구동성으로 "동감이요 속히 그 마귀 보따리를 넘겨 버리세요."

이 의견이 가결이 되어서 이웃 교회에 넘겨 주었습니다. 그리고 반대로 이 교회에서는 구제물자와 구호금을 걷기로 하였습니다.

두 주일간 광고를 한 후에 걷었는데 의류가 18포대, 구호금 3백만원, 기타 쌀 밀가루 보리 쌀 등 다수의 물자를 뜻밖에 많이 거두게 되었습니다.

구제금이나 구제물자를 받는 교회가 아니라 구제물자를 주는 교회가 되었는데 5년만에 천명이 넘는 교회가 되었고 많은 구제를 하는 독특한 교회가 되었습니다.

예수님은 말씀하셨습니다.

"저금을 하늘나라 은행에 저축해 두라"(마 6:20).

하늘날 은행에 저금하라는 뜻은 구제하라는 뜻입니다.

그 이유는 세상 은행에서는 손해본다. 하나님의 하늘 은행에는 저금하면 30배, 60대 백배의 유익이 있기 때문입니다.

시편 기자는 이런 좋은 말씀을 우리에게 말해 주었습니다.

"의인은 버림을 받지 않고 종일토록 이웃에게 은혜를 베풀고 꾸어 주니 그의 자손이 복을 받는도다"(시 37:25, 26).

남을 구제해서 그 마음을 기쁘게 해주면 그 기쁨의 30배, 60배, 100배의 기쁨을 내가 받게 됩니다.

참 행복은 보이는 물질이 아닙니다. 가슴에서 용솟음 치는 기쁩니다.

교 화

충성은 낮은 사람 또 아랫 사람이 윗 사람에게 기쁨으로 봉사하는 일을 말하는 것입니다.

① 아들이나 딸이 부모에게
② 하인이 주인에게
③ 학생이 선생에게
④ 사원이 사장에게
⑤ 백성이 대통령에게

정몽주 선생이 왕에게 대한 진심어린 충성을 우리는 그의 사조를 통해 알 수 있습니다.

"이 몸이 죽고 죽어 일백번 고쳐 죽어 백골이 진토되어 넋이라도 있고 없고 임 향한 일편단심이야 변할 줄이 있으랴."
　성경에 다윗은 매우 충성한 장군이었습니다.
　사울은 왕이고 다윗은 그 아래 있는 대장이었습니다.
　다윗이 전쟁에 능합니다. 믿음이 좋습니다. 그래서 전쟁에 여러 차례 승전을 거두어 백성들이 찬양을 합니다.
　"사울은 천천이요, 다윗은 만만이다."
　"천천"이란 뜻은 천명을 죽였다는 뜻입니다. 또 "만만"이란 뜻은 만명을 죽였다는 뜻입니다. 그러니까 사울의 업적은 적고 다윗의 업적은 크다는 말입니다.
　그러니까 왕 사울은 시기 질투가 나서 부하 다윗을 죽이려고 합니다. 군인을 풀어서 죽이려 했고 어떤 때는 저녁 진찬을 차려놓고 초청을 했는데 마침 다윗이 그것을 모르고 가까이 앉아서 식사를 합니다.
　이때였습니다. 사울이 칼을 뽑아 다윗을 향하여 던졌습니다. 그런데 예리한 칼은 다윗 머리 위의 벽을 뚫었습니다.
　다윗은 얼른 피해서 어디로인지 달아났습니다. 이때부터 다윗은 조심합니다. 그렇지만 왕을 미워하지 않습니다.
　하루는 다윗이 피해서 막벨라 굴 속에 숨었습니다. 부하 몇을 대동했습니다. 사울 왕도 부하를 대동하여 원수 다윗을 죽이려고 찾습니다.
　마침 사울 왕도 다윗이 숨어 있는 막벨라 굴에서 하룻밤을 지내게 되었습니다. 막벨라 굴속 깊은 속에 다윗이 있는 것을 모릅니다. 그리고 피곤해서 사울 왕은 굴 문어귀에서 깊이 잠이 들었습니다.
　다윗 대장의 부하가 무슨 소리가 들려서 한발 두발 문 어귀로 나가 보았더니 원수는 외나무 다리에서 만났습니다.
　왕도 쿨쿨, 부하들도 쿨쿨 잠들어 있습니다. 다윗 대장의 부하는 옳다 됐구나 하고 칼을 빼서 사울 왕과 부하들을 죽이려고 높이 들었습니다.

이때였습니다. 부하의 머리에 이런 생각이 떠 올랐습니다.

"다윗 상관의 명령을 받아 죽여라!"는 것이었습니다.

"그렇지! 상관이 있는데 명령을 기다린다!"고 혼자 속으로 중얼거리며 굴 속으로 살금살금 들어가 물었습니다.

"사울왕이 굴문 어귀에서 쿨쿨 잠을 잡니다. 우리가 죽일까요?"

다윗 대장은 눈을 크게 뜨고 대답했습니다.

"그만 둬라. 하나님께 기름부음 받은 왕을 우리의 손으로 죽일 수 없다. 사울 왕의 옷자락만 살짝 잘라 갖고 달아나자!"

이 명령대로 부하는 왕의 옷자락만 잘라갖고 다윗 대장과 함께 막벨라 굴속을 떠났습니다. 그리고 앞 산으로 올라가서 큰소리로 외쳤습니다.

"이놈들아, 불충성한 놈들아, 너희들은 어찌하여 사울 왕의 신변을 보호하지 못했느냐?"

이 소리가 잠을 자던 사울 왕의 부하들의 귀에 들렸습니다. 부하들은 깜짝 놀라서 눈을 부비면서 일어났습니다.

사울 왕은 편안히 코를 골면서 잠이 들었습니다. 부하들은 가슴이 두근거립니다. 부하들은 소리 합하여 다윗이 서 있는 산을 향해서 외칩니다.

"우리 왕은 평안히 잠드셨다. 무슨 개소리냐?"

이 소리가 끝나자 앞산에로 큰 대꾸가 들려옵니다.

"사울 왕의 옷자락을 살펴보라. 여기 있으니 곧 찾아가거라 나쁜 놈들!"

부하들은 얼른 사울왕의 옷자락을 살펴 보았습니다. 틀림없이 한 치가량이나 잘렸습니다.

칼로 옷자락을 잘라가는 다윗이 사울의 생명도 잘라갈 수 있겠다고 생각하고 사울의 생명이 살아남은 것에 감사한 마음이 들었습니다.

　사울은 눈물을 흘리며 산에 올라가서 다윗에게 허리를 굽혀 사죄의 인사를 하면서 회개를 하였습니다. 이 다윗은 그 충성된 마음으로 사울 왕을 받들어 섬기다가 기어이 이스라엘의 제2대 왕으로 즉위했습니다.

　① 충성은 높은 이에게 복종
　② 충성은 높은 이를 돕는 것
　③ 충성은 높은 이에게 제일 좋은 행복의 길을 알려주는 것
　④ 충성은 높은 이를 위해 생명도 기쁨으로 바쳐주는 것
　⑤ 충성은 높은 이에게 주야로 그의 손발이 되어 주는 것
　⑥ 충성은 높은 이에게 항상 필요한데로 내 힘껏 보급해 주는 것
　⑦ 충성은 높은 이의 생명을 내 생명보다 더 귀하게 사랑해 주는 것 등입니다.

　충성심과 그의 따르는 역사는 특별한 복이 되는 것입니다.

　그런데 충성은 아무나 못합니다. 예수를 잘 믿을 때에 하나님께서 성령을 보내사 충성된 인재로 만들어 주십니다.

　간신으로 반역하던 제일 극악한 죄수도 예수를 믿음으로 충신도 아주 귀한 충성자가 되게 하는 것입니다.

　예수를 믿음으로 복을 받는다는 말은 이런 변화되어 착하고 진실하고 사랑이 있고 충성스러운 인재가 된다는 뜻입니다.

| 판 권 |
| 소 유 |

중고등부 핵심설교

2000년 11월 10일 1판3쇄 인쇄
2000년 11월 20일 1판3쇄 발행

저 자 ● 이 태 선
발행인 ● 김 수 관
발행처 ● 도서출판 영문

등록 / 제 03-01016호(1997. 7. 24)
주소 / 서울시 용산구 한강로2가 70번지
전화 / 편집부 • 796-7198
　　　영업부 • 793-7562
　　　FAX • 794-6867

ISBN 89-8487-030-7(73230) 값 **5,600원**

• 본서의 임의인용 · 복제를 금합니다.
• 파본 · 낙장은 교환해 드립니다.